事の時の備えとして、本書が少しでも世の中の役に立てることを願っています。
　平成26年7月吉日

奥 山 倫 行

目　次

第1章　クレーム対応の心掛け

1　クレーム対応の誤解①（お客様は神様ですか？）………　4
2　クレーム対応の誤解②（謝ったらダメ？）………………　7
3　クレーム対応の誤解③（クレームは目の前の１件だけ？）………………………………………………………11
4　クレーム対応は心理戦①（前のめりの対応を）…………16
5　クレーム対応は心理戦②（最も大事なのはメンタルケア）………………………………………………………21
6　クレーム対応は心理戦③（相手の気持を理解する）……26
7　クレーム対応は心理戦④（クレーム対応はピンチ？チャンス？）……………………………………………31
8　クレーム対応は心理戦⑤（今いるのはどの段階？）……35
9　クレーム対応の５原則①（一貫性）………………………40
10　クレーム対応の５原則②（柔軟性）………………………44
11　クレーム対応の５原則③（公平性）………………………47
12　クレーム対応の５原則④（公正性）………………………51
13　クレーム対応の５原則⑤（迅速性）………………………55

第2章 クレーム対応の具体的方法

1　情報管理①（案件「内」情報管理）……………………61
2　情報管理②（案件「外」情報管理）……………………86
3　受付①（聞き取り）………………………………………92
4　受付②（現場と現物の調査・証拠の保全）………… 106
5　受付③（電話――総論――）………………………… 112
6　受付④（電話――各論――）………………………… 124
7　調査と確認①（相手の確定）………………………… 131
8　調査と確認②（体制の構築）………………………… 140
9　対応策の決定①（全体の方向性）…………………… 144
10　対応策の決定②（内容）……………………………… 156
11　対応①（交渉）………………………………………… 171
12　対応②（クロージング）……………………………… 179

第3章 クレームの予防

1　意識改革①（トップ）………………………………… 187
2　意識改革②（現場）…………………………………… 193
3　体制の構築①（社内）………………………………… 200
4　体制の構築②（社外）………………………………… 208
5　指針の策定①（経験の蓄積と情報の共有）………… 212
6　指針の策定②（対応マニュアルの整備）…………… 215

おわりに〜クレームはなくならない〜……………………………219

・著者略歴………………………………………………………221

第1章

クレーム対応の心掛け

期待への裏切り、説明内容に対する誤解、企業や事業者の不祥事、現場担当者の浅はかな対応、現場担当者の礼儀礼節をわきまえない接客姿勢など、さまざまな要因が企業や事業者に対するクレームを発生させます。その背景にあるのは、入り組んだ感情です。クレーム対応の現場には、不平、不満、不安、不信、怒りの感情が溢れています。クレーム対応の現場はいわば感情の坩堝なのです。

　そのような状況の中で、クレーム対応にあたる側には、正しい心掛けをもって対応にあたることが求められます。日々の業務の中で弁護士としてクレーム対応に関するアドバイスを行っていて感じるのは、多くの方がクレーム対応に対する正しい心掛けをもって対応にあたっていないのではないかという疑問です。

　クレーム対応は時間的にも精神的にも負担の大きいミッションです。そのため、クレーム対応にあたる側は「嫌だな……」、「しんどいな……」、「何で俺がこんなこと言われなければならないんだ……」といった否定的な感情を抱きがちです。ですが、このような否定的な感情がクレーム対応の進むべき方向性を誤らせる要因になっています。

　正しい心掛けに基づいてクレーム対応を進めると、事態は必ず良い方向に向かって収束していきます。逆に、誤った心掛けでクレーム対応を進めると、事態はますます紛糾し、最終的には収束不可能な程度に陥ります。

クレーム対応についてはノウハウがあります。そのような個別のノウハウについては「第2章　クレーム対応の具体的方法」で紹介しますが、いくら効果的なノウハウを駆使しようとも、その前提として正しい心掛けをもってクレーム対応を進めることができなければ、効果的なノウハウを活用しても得られる効果は半減してしまいます。

　個々のクレーム対応を効果的に進め、早期に事態を収束させるためにも、また、クレームが発生するのを未然に防ぐためにも、まずはしっかりと意識していただきたいクレーム対応の心掛けを確認していきましょう。

1. クレーム対応の誤解①
（お客様は神様ですか？）

(1) 「お客様は神様です」という誤解が悲劇を生む

　「お客様は神様です」という言葉があります。歌手の三波春夫さんが使っていたのを見た漫才トリオのレッツゴー三匹さんが世間に広めて、世の中に浸透していった言葉だと言われています。そして、この言葉は商売における基本姿勢のように受け取られ、語られることがあります。

　ですが、「お客様は神様です」という言葉に代表される顧客至上主義という考え方が、クレーム対応の現場では「悲劇」を生む元凶になっています。クレーム対応の現場では「お客様は神様です」という言葉が、時に、ごね得やストレス解消を目的とする悪質なクレーマーによって常套句のように使われているからです。

　実際にクレーム対応の現場で「お客様は神様です」という考えを基軸において１つひとつの対応を進めていくと、最終的にすべてクレーマーの言いなりにならなければ解決ができなくなります。クレーマーからの指摘や要請に対して、その希望をかなえるために、すべての場面で相手の要望や相手の指摘事項に従った対応をしていかなければならなくなってしまうのです。

　一度、そのような姿勢で対応してしまうと、その後、別のクレームが再発するたびに、企業や事業者は同様の対応を迫られますし、クレームが発生するたびに間違った方向での対応が積み重ねられていきます。このような間違ったクレーム対応の積

み重ねが、企業や事業の正しい風土を蝕んでいくのです。

(2) クレームは大きく2つに分けられる

　企業や事業者に寄せられるクレームは、「正当な要求」と「不当な要求」の2つに分けることができます。そのため、クレーム対応では、目の前のクレームが「正当な要求」なのか「不当な要求」なのかを分けたうえで、それぞれの内容に応じた対応を講じていかなくてはなりません。

　「正当な要求」には真摯な姿勢で耳を傾けなければなりませんが、「不当な要求」には耳を傾ける必要はありません。「正当な要求」には事態を収束させるために適切な対応をしなければなりませんが、「不当な要求」にはクレームを拒絶するための断固とした姿勢で対応する必要があります。「正当な要求」からは企業や事業者が今後の事業展開に反映させていく学ぶべき点がありますが、「不当な要求」には今後の事業展開に反映させていく学ぶべき点はありません。

(3) クレーム対応の現場では「性悪説」に立った対応を

　このように「正当な要求」と「不当な要求」には明確な違いがあります。それにもかかわらず「（すべての）お客様が神様である」という幻想に基づいて対応を進めてしまうところにクレーム対応における大きな落とし穴が隠されているのです。

　「（すべての）お客様が神様である」というのは性善説的な発想です。ですが、クレーム対応の場面では性善説的な発想を捨

てて「お客様の中にはありがたくないお客様もいる」といった性悪説的な発想で対応を進める必要があります。

　ちょっとした認識の差異かもしれません。ですが、「すべてのお客様が神様ではない。お客様の中にはありがたくないお客様もいる。お客様からの不平や不満、不信や不安の声の中には、正当なものと、不当なものがある。すべてのお客様に一律に同様の対応をしてはいけない」というクレーム対応の出発点としての正しい心掛けをもてるか否かが大きな運命の分かれ道になります。この心掛けをもつことが、適切なクレーム対応を進めるための第一歩なのです。

[図１－１]　すべてのお客様イコール神様ではない

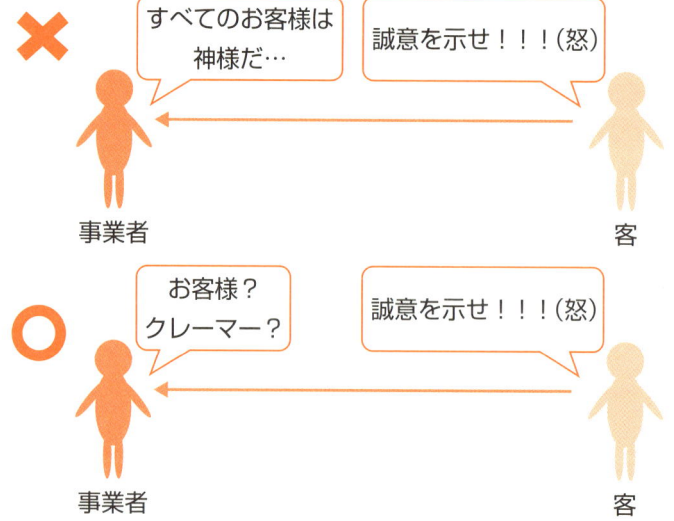

2. クレーム対応の誤解② （謝ったらダメ？）

(1) クレーム対応の現場では謝ってはいけない？

　クレーム対応に関する日々の相談業務の中で、よく「謝ってしまったら責任を認めたことになってしまいますよね？」、「謝らないほうがいいですよね？」、「謝ったら負けと同じですよね？」、「不愉快な思いをさせてしまったことは申しわけないとは思うのですが……謝ってしまったら、後から不利になると聞いたのですが……謝っても大丈夫なのでしょうか？」と尋ねられることがあります。でも、これらはすべて誤解です。

　「え？　どういうこと？」と意外に感じられる方もいらっしゃるかもしれませんが、「謝罪イコール責任の発生」ではありません。謝罪をすることと責任を認めることは全く違うことです。もちろん、責任があることを前提として謝罪する場面もあるとは思いますが、必ずしも謝罪することは責任を認めることではないのです。

　謝るべき場面で適切な謝罪を行わなければ、相手には、企業や事業者に対する不平・不満が蓄積されていきます。「謝罪イコール責任の発生」と勘違いしたまま何らの謝罪もすることなく対応を進めていくと、相手の悪感情が肥大化し、大きなわだかまりが膨らんでいきます。わだかまりが膨らむだけではなく、気がつけば、2次クレーム・3次クレームを発生させてしまう可能性もあるのです。

もしクレーム対応の初期段階で、企業や事業者からの謝罪があれば、そのひとことで、相手の怒りの感情も沈静化され、相手の溜飲が下がり、クレーム対応も収束に向かうことも多いのです。

(2) 謝罪の意味を明確にすることが重要

　ただし、謝罪の仕方には注意が必要です。クレーム対応の初期の段階での謝罪は、謝罪の意味を明確にしたうえで行わなければなりません。

　クレーム対応の初期の段階では責任の所在が明確ではありません。クレームに対する責任を認めるか否かは、詳細な事実関係を確認したうえで、クレームのもとになった商品やサービスなどクレームを発生させた原因の調査を行い、検討をしなければ判断がつきません。ですので、クレームに対する責任を認めて謝罪すべきか否かを判断するためにはある程度の時間が必要になります。そのため、クレーム対応の初期の段階では、責任を認める意味での謝罪を行うことはできませんし、するべきではないのです。

　そのため、クレーム対応の初期の段階での謝罪は、責任を認めたうえでの謝罪ではないことを明確にして行う必要があります。「不愉快な思いをさせたことへの謝罪」、「感情を害したことへの謝罪」、「ご期待に応えられなかったことへの謝罪」、「ご満足いただけなかったことへの謝罪」、「ご要望に応じることができなかったことへの謝罪」といったように謝罪の意味を明確にすることが必要です。

具体的には、「ご不便をおかけして失礼いたしました。まずは当社にて事実関係を確認させていただきます」とか、「ご迷惑をおかけして申しわけありませんでした。まずは当社にて原因を確認させていただきます」とか、「不愉快な思いをさせてしまい申しわけございませんでした。まずは当社にて……」とか、「ご期待に沿えずに申しわけございませんでした」とか、「ご満足いただけずに申しわけございませんでした」とか、「ご要望にお応えできず申しわけございませんでした」といった内容で謝罪することになります。

　また、クレーム対応の初期段階を終え、具体的な対応を進める過程でも謝罪しなければならない場合があります。その場合でもやはり謝罪の意味を明確にすることが必要です。たとえば、「回答を待たせていることへの謝罪」、「調査に時間を要していることへの謝罪」、「説明に行き違いがあったことへの謝罪」といったものですが、「原因については現在調査中ですが、お待たせしてしまって申しわけありません……」、「調査に時間がかかってしまって申しわけありません……」として謝罪の意味合いをしっかりと伝えることが大切です。

　謝罪の意味を明確にしたうえで謝罪する限りは、クレームに対して法的な責任を認めたことにはなりません。相手が抱いている不満・不信・不安・怒りといった悪感情を緩和するためにも、無駄な２次クレーム・３次クレームの発生を防ぐためにも、謝罪の意味を明確にして誠意をもった謝罪を行うことが大切です。

[図1―2] 謝罪イコール責任ではない

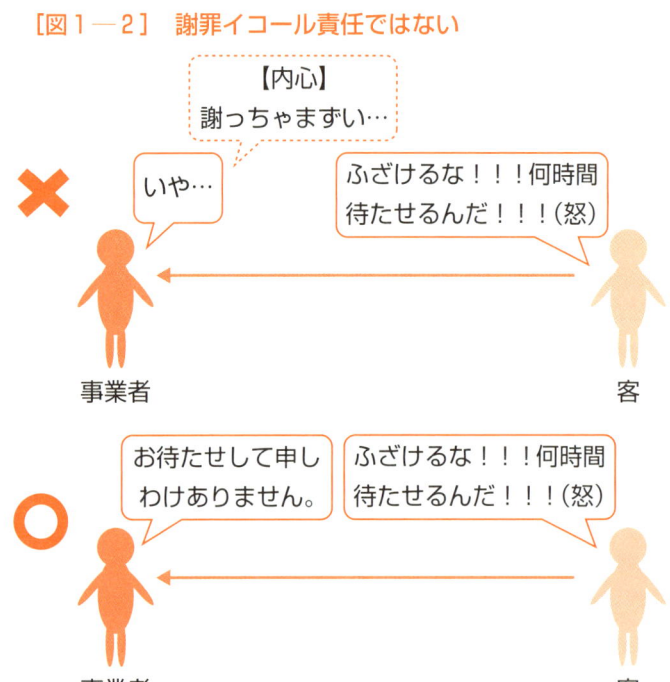

3. クレーム対応の誤解③（クレームは目の前の１件だけ？）

(1) クレームは目の前の１件だけ？

　実際にクレーム対応の現場で相手とやりとりをしていると、何とか目の前の１件だけしのげば、解決できると考えがちです。

　クレーム対応を進めていると、目の前の対応に精一杯になってしまい、いつの間にか時間的にも精神的にも余裕がない状態に陥りがちです。余裕の喪失は視野の狭窄を招きます。視野が狭くなると、冷静な判断ができなくなります。冷静な判断ができなくなると、余裕がなくなります。そして、このような悪循環が繰り返されていきます。

　そのような状況の中で、やみくもに目の前のクレーム対応だけに躍起になってしまう人がいます。その背後に無数のクレーマー予備軍がいることを意識することなく、目の前のクレーム対応だけに専念しがちなのですが、非常に危険な状態です。

(2) 目の前のクレームは氷山の一角にすぎない

　もしクレームが目の前の１件だけであると考えてしまうと、「この１件だけ何とかすればいいや」という意識が芽生えてきます。このような意識が芽生えてしまうと、目の前の相手に対してだけ特別扱いをして法的な根拠もない不当な要求に応じてしまいがちです。一度、このような対応をしてしまうと、それ

が先例になります。いったん自分がつくってしまった先例を、後になってから覆すのは容易なことではありません。後から同様のクレームが顕在化してきた際に、相手から「どうしてあの人には商品の払戻しや謝罪金を支払ったのに、俺には同じ対応をしてくれないのか!?」と言われ、前回と同様の対応を強いられていきます。

　また、もしクレームを目の前の1件だけだととらえてしまうと、目の前の1件のクレームを軽んじて、いい加減な対応をしてしまうこともあります。「どうせこんなことを言ってくるのはこの人くらいだ。面倒だし、適当にあしらっておこう……」とか、「こんなくだらないことでクレームをつけてきて……。どうせ大事にはならないし、面倒だから放ったらかしにしておこう……」といった意識が芽生えることがありますが、このような意識がずさんなクレーム対応を招きます。このような対応は、目の前の1件のクレームを適切に対応することができないばかりではなく、目の前の1件のクレームの背後に無数に潜んでいる2次クレーム・3次クレームを次々と呼び起こしかねません。

　目の前の人は無限に潜伏しているクレーマーの氷山の一角にすぎません。1件のクレームの背後には無限のクレーマーが控えている可能性のほうが高いと考え、気を引き締めて対応を進める必要があるのです。

(3) クレームはアメーバのように変化する

　目の前のクレームも時間の経過とクレーム対応の内容次第で、

アメーバのように変容していく場合があります。

　確かに、最初のきっかけは、企業や事業者が販売している商品や提供しているサービスに関することだけかもしれません。しかし、クレームを受け付けた社員の対応が悪ければ、今度は「欠陥商品に対してクレームを言ったのに、窓口からとんでもない対応をされた！」といった２次クレームが発生します。また、２次クレームを収束させようとして登場した上司の対応が悪ければ、さらに「窓口もとんでもなければ、上司はもっととんでもない！　しかも回答期限になっても回答もくれないし、どうなっているんだ⁉」といった３次クレームが発生します。

　このように、クレームは問題になっている商品やサービスだけではなく、アメーバのように日々変容していく性格を有しています。

　最初のクレームは些細な内容かもしれません。たとえば、商品を返品すればそれで済むようなものかもしれません。迷惑をかけたことに対して謝罪の言葉を発すれば解決ができるものかもしれません。ですが、だからといって軽く考えて対応してはいけません。最初の対応を間違えると、目の前のクレームはすぐに解決困難なクレームに発展していってしまう可能性があります。万全の注意を払って、緊張感を高めて、対応を進める必要があるのです。

　以前、私が相談を受けたケースで、上司が「ああ、またこんなこと言ってきている人がいる。商品の交換に応じて、適当に

謝罪して対応しておいて」と軽く考えて部下に指示を出して済ませてしまったケースがありました。このクレーマーは、商品の交換自体には満足したものの、企業の偉そうな対応に満足できませんでした。自らが開設しているブログにそのような不平・不満を掲載しました。同じように不満をもっていた他の消費者がそのブログを目にして、それをインターネット掲示板に掲載しました。そうしたところ、掲示板が炎上して……といった事案でした。何とか事態は収束できましたが、それでも企業の対応には大きな非難が集まりました。一度失ってしまった信用を取り戻すことは並大抵の努力では足りません。結果として一朝一夕に回復できないような損害を被ってしまったのです。この事例の場合、クレームが変容していく可能性があることを肝に銘じて、最初の段階から誠意をもって丁寧に対応していれば、大きな損害を発生させずに済んだ可能性が高かったと感じています。

　クレーム対応は規模の大小にかかわらず１件１件が勝負です。クレーム対応を進める際には、今回のクレームの対象となっている商品やサービスに関してだけの問題ではないということを肝に銘じて細心の注意を払って対応を進める必要があるのです。

[図1―3] クレーム前のクレームは氷山の一角にすぎない

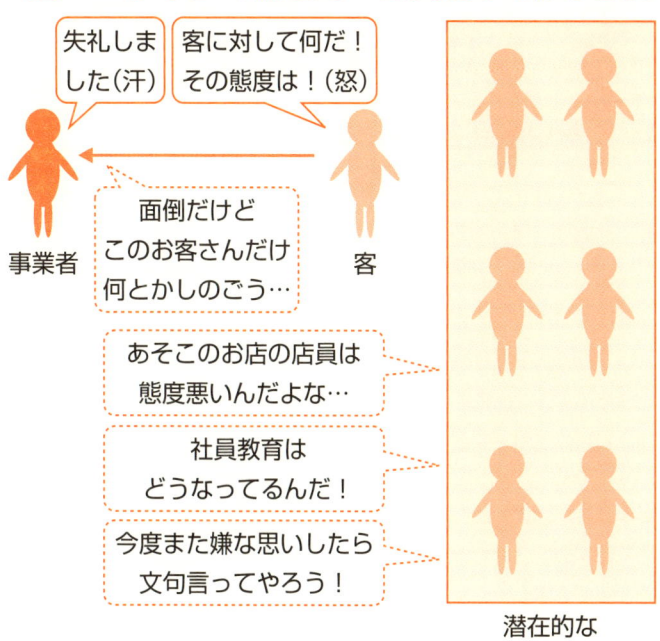

4. クレーム対応は心理戦①（前のめりの対応を）

(1) 受身の姿勢は命取り？

　クレーム対応を進める際に心得ていただきたいことがあります。それは「受身の姿勢は命取り」ということです。

　事前に予測できるクレームの対応は、さほど困難ではありません。事前に心の準備ができますし、事前に作戦を練ることができますし、事前に質疑応答の練習もできるからです。ですが、たいていのクレームは予告なしに突然襲ってきます。突然襲いかかってくるクレームにはそのような事前準備ができません。ですから、まずは、クレームの第一報を聞いたときに「よしきた！」という前向きな気持に切り換えることが大切です。そのためには、日頃から「クレームはいつ生じるかわからない」という心構えをもっていただく必要があります。

　また、人間はどうしても嫌なことを後回しにしがちです。感情的になってクレームを主張する人を相手にして話を聞くときの精神的負担は大変なものです。クレーム対応は誰もが進んでやりたい仕事ではありません。誰しもほかにやらなければならないことがあれば、クレーム対応は後回しにして、ほかの仕事を優先したくなってしまうものです。ですが、クレーム対応に対するこのような後ろ向きの気持が、クレーム対応を消極的なものにしたり、クレーム対応のスピードを遅らせたり、クレーム対応を後回しにしたりといった事態を招きます。

そして、後手、後手にまわった対応は、クレームの増大や事態の深刻化を招きます。クレーム対応の場面においては「受身の姿勢は命取り」ということを踏まえて前のめりの対応を進める必要があるのです。

(2) 前のめりの対応を

　クレームを主張する側は、不平・不満・不信・不安・怒りの感情に満ち溢れています。クレーム対応にあたる側も、どうしても最初のファーストコンタクトの段階で「苦手だな……」、「嫌だな……」といった否定的な感情を抱きがちです。そして、最初に否定的な感情を抱いてしまうと、どんどん悪い方向に気持が苛まれていきます。

　ですが、まずは、そのような「苦手だな……」、「嫌だな……」という気持を断ち切っていただく必要があります。私のこれまでの経験でも、クレームの第一報を聞いた段階で、「よし！ やるぞ！」という前向きな気持に切り換えて、その後の対応を進めたほうが、望ましい解決にたどり着けたことが多かったと感じています。

　クレームの第一報を聞いた後に、「よし！ やるぞ！」と考えて対応にあたるのと、「いや……しんどいな……」と思いながら対応にあたるのでは、その後の精神的な負担も、その後の事態の収束にかかる時間も、解決に至るまでの手間暇も、全く異なったものになります。前向きな感情に切り換えたうえで、相手の対応を予測しつつ、対応を進めることが必要です。

(3) 前のめりの対応とは？

　前のめりの対応をするには、相手の言動を予測しなければなりません。相手の言動を予測したうえで、その先に起こる相手からのアクションを想定して、クレーム解決に向けてのロードマップをつくっていきます。

　最初にクレームの第一報を聞いた時が勝負です。クレームの第一報を聞いたら、まずは、相手の心情を予測します。こちらの対応に対する相手の対応を予測します。こちらが提示する解決策に対する相手の回答を予測します。このように常に相手の心情や対応や回答を予測しながら、相手の先手・先手を打っていくという姿勢が大切なのです。クレーム対応の現場では、そのような前のめりの姿勢で進められるかどうかで、得られる結果には雲泥の差が出てきます。

　クレーマーのネガティブな精神的エネルギーには相当なものがあります。クレーマーの心の中には、不平・不満・不信・不安・怒りの感情が渦巻いていて、今にも爆発しそうな状況になっています。大きなネガティブな感情がうごめいているのです。相手のそのような膨大なネガティブなエネルギーを押し返すくらいのポジティブな姿勢で、クレーム対応を進めていく必要があります。ポジティブな精神的エネルギーで押し返して、押し戻すくらいの強い気持と覚悟をもって対応を進める必要があるのです。決して、クレーマーのネガティブな精神的エネルギーに圧倒されてはいけません。

このようなお話をすると「そんなに簡単に前向きな気持になれないよ……」と言う方もいるかもしれません。そのように感じる方に良い方法があります。クレームの第一報を聞いて、これから対応にあたる前に「よし！　やるぞ！」と声に出して5回言ってみてください。カラ元気でもいいのです。「よし！　やるぞ！」と少し大きな声を出して5回呟いてみるのです。もし5回呟いても前向きな気持になれない場合には、前向きな気持が湧いてくるまで、8回、10回、15回……と回数を増やしてみてください。言葉には暗示効果がありますから、不思議なことに自然と前向きな力が湧いてくるはずです。だまされたと思って一度試してみてください。必ずや少しでも前向きな気分になれるはずです。

[図1—4] 前のめりの対応を

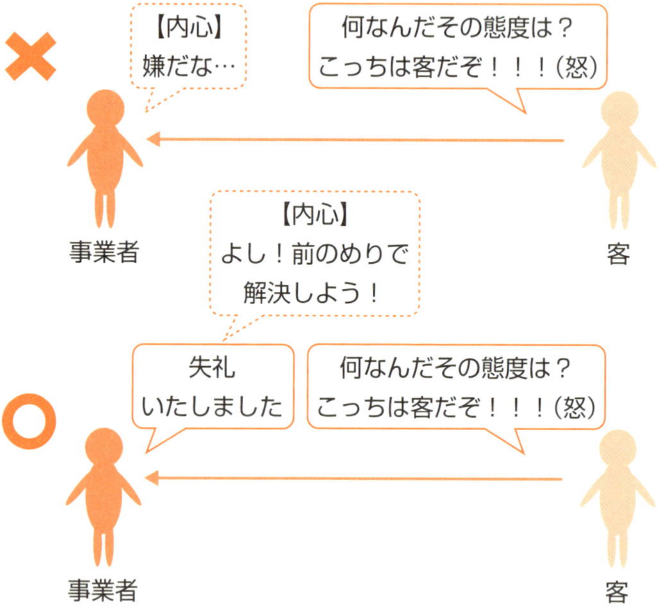

✗
事業者【内心】嫌だな… ← 客 何なんだその態度は？こっちは客だぞ！！！（怒）

【内心】よし！前のめりで解決しよう！

○
事業者「失礼いたしました」 ← 客 何なんだその態度は？こっちは客だぞ！！！（怒）

5. クレーム対応は心理戦②（最も大事なのはメンタルケア）

(1) 前向きな気持を「維持する」（自分自身）

　クレーム対応の第一報を聞いた後に「よし！　やるぞ！」という前向きな気持に切り換えることができたとしても、解決までの間、健全な気持を維持し続けていくことが大切です。

　一度でもクレーム対応を担当したことがある人であればピンと感じるかもしれませんが、クレーム対応にあたっていると、時間の経過につれて刻一刻と精神がすり減っていくことに気づきます。不平・不満・不信・不安・怒りといったマイナスの感情が充満した相手の話を聞き続けるのは、とても苦痛なことです。

　しかも、多くのクレーム対応はすぐには終わりません。解決までにはある程度の時間がかかることのほうが多いのです。その間、前向きな気持を維持し続けていくことは簡単なことではありません。

　クレームへの初期対応の段階ではあまり問題には感じないかもしれません。あまり時間をかけずにクレームが解決できてしまえば、それほど精神的な負担を抱えることなく事態を収束させることができます。しかし、こちらが誠意をもって対応していても、思うように事態の収束ができないような場合には、危

険な兆候が見え始めます。時間の経過によって、クレーム対応にあたっている人の気持はどんどんすり減っていきます。ですから、意識的に前向きな気持を「維持し続ける」ように努めることが大切です。

クレーム対応の渦中にいると、その事態がずっと永遠に続いていくような気がしてきます。想像するだけで気持が萎えてくると思います。でも、安心してください。その事態がずっと永遠に続くことはありません。

私はこれまで弁護士として11年以上の間、数えきれない数のトラブルや紛争の対応をしてきましたが、解決に至らなかった紛争やトラブルは１件もありません。どの案件も必ず何らかの解決にたどり着いています。ですので、「目の前のクレームは必ず解決できる」と考えてください。どんなに解決できないように思えるクレームであっても、必ずいつかは解決できるので、安心してください。クレーム対応の渦中では出口のないトンネルをさまよっているように思える場面もあるかもしれません。でも、必ず出口はあるので、それを信じて対応を進めてください。

(2) 前向きな気持を「支える」（自分自身プラス周り） ——メンタルサポート体制の確立

「前向きな気持で」、「前のめりの姿勢で」そして「前向きな気持や姿勢を維持し続ける」といっても簡単なことではないと感じられているかもしれません。確かに、この前向きな気持をもち続けることは簡単ではありません。でも、前向きな気持を

維持するためのコツがあります。それは「メンタルサポート体制を確立する」ということです。

　クレーム対応は孤独との闘いです。不平・不満・不信・不安・怒りといったマイナスの感情に満ちたクレーマーの話を1人で聞いていると、なぜだか知らないうちに、非常に孤独な心境になってきます。不思議なもので、人間は一方的に誰かから批判や非難や罵声や怒声を浴びせ続けられると、知らず知らずのうちに自分が悪いような気持を抱いてしまいます。誰かから一方的に不平・不満・怒りに満ちた言葉を浴びせ続けられているうちに、世の中のすべての人が自分に対して不平・不満・怒りの感情を抱いていて、味方は1人もいないような孤独な感情が芽生えてきます。

　私自身も経験があります。弁護士になりたての頃のことです。私はある企業の代理人としてクレーム対応にあたっていました。クライアントも遅々として進まないクレーム対応に苛立ちをもち始めます。私は、弁護士として精一杯対応しているのですが、悪質なクレーマーを相手にして、弁護士経験1年程度の若者では事態の収束まで至ることはできません。クライアントとクレーマーのすべてが自分に敵意を抱いているような錯覚に陥ってしまいました。後から「弁護士なのだから1人で解決できる。解決しなければならない」と勘違いしていたことが原因だということに気づきました。

　クレーム対応を進めるに際して、1人だけで対応を進めるのではなく、誰かが隣に寄り添ってくれているだけでも状況は全

く違ってきます。誰かが自分の現在の状況に共感してくれるだけでも大きな精神的な支えになるものです。ですので、クレーム対応は１人だけで行うべきではないと考えています。いっしょに愚痴を言ったり、クレーマーとのやりとりの内容を相談したり、周りの人間とそのようなことができるだけで気持は全然変わってきます。クレーム対応の担当者の孤独な心をいかにサポートできるかが、解決の成否に大きな影響を与えるのです。

　気持のもちようなんて簡単なことだと感じるかもしれません。しかし、実際にはそれができないことのほうが多いのです。気持のもち方については、弁護士としてクレーム対応の相談を受けるときに、最も注意している部分です。クレーム対応をサポートする弁護士の最初の仕事は、とにかくクレーム対応の相談にいらした方に一度肩の荷を降ろしてもらうことだと考えています。私から「絶対に大丈夫です。必ず良い方向に進んでいきます」と声をかけると、一様に安堵の表情を浮かべてくれます。クレーム対応の担当者はそれだけの精神的な重荷を背負って、クレームの解決にあたっているのです。

　外部の弁護士が声をかけるだけでも大きな効果がありますから、より近い距離でクレーム対応の担当者と接している内部の方が同じように接するだけでも大きな効果が期待できます。まずは同じ組織や事業所の中で、担当者を精神的に支えていく体制を整えてクレーム対応にあたることが大切なのです。

[図1−5] メンタルサポート体制の確立を

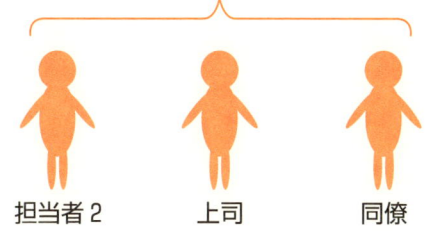

6. クレーム対応は心理戦③（相手の気持を理解する）

(1) 解決に向けての出発点は？

　クレーム対応を解決に導くための出発点は「相手の気持を理解すること」、「相手の気持を理解しようと努めること」です。

　無理難題を要求するクレーム対応の相手に対しては、「何を馬鹿なこと言っているんだ？」とか、「冗談じゃない。言っていることが支離滅裂だ！」と憤りを感じたり、苛立ったりすることもあると思いますが、相手に対してこのような感情を抱くことは、クレームの解決においては逆効果です。「相手の気持を理解すること」から遠ざかってしまうからです。

　クレーム対応は「心理戦」です。相手の言動から相手の真意を探ることが大切です。クレームを主張する相手は、悪質なクレーマーは別として、普通の顧客である場合がほとんどです。そして、そのような相手の言い分を詳しく聞いてみると、企業や事業者の側に非があることも多いものです。

　ですので、かりに怒りを露わにして感情的になって怒鳴り散らしているような相手であっても、すぐにクレーマーであると即断してはいけません。責任の所在がはっきりする前の段階では、予断や偏見を排除して、相手の言い分に耳を傾け、相手の心情を理解しようと努めることが重要です。最初は相手の真意がわからないところからスタートしますが、相手の言い分を聞

きながら、徐々に相手の考えていることを探っていくことで、相手の言い分も理解できることも多いのです。

(2) 相手との間で心理的な架け橋を構築する

　私が以前、代理人となったケースを紹介します。クレームを主張している相手はインターネットを通じて商品を買ったものの、ウェブ上で表示された色彩と実際に手元に届いた商品の色彩が違うと言って、商品の返品を要求してきていました。最初はインターネットで商品販売を行っている会社の担当者がやりとりをしていたのですが、どうにも相手が感情的になってしまっていて解決の糸口がみつからないとのことです。私はインターネットで商品販売を行う会社の代理人として対応しました。相手は烈火のごとく怒っています。「こんなこと、弁護士に言ってもしようがないってわかってはいるけれど、納得できない！　だいたい、最初の担当者の対応もなっていないし、どっちが被害者だと思っているんだ！」などの話が延々と続きます。あまりにも相手の勢いが激しいので、相槌を打ちながら、相手の話を遮らないように話を聞き続けていました。そして、相手からは毎日のように連絡がきて「対応を検討すると言っていたけれど、どうなったんだ！」とか、「いつまで待たせるんだ！」などと催促を受けつつも、引き続き、相手の話を聞き続けていました。1回目の電話よりも、2回目、3回目と回数を経るにつれて相手の怒りが和らいでいくような感じがしてきました。そして、相手の言い分を聞いていると、確かに当方にも非があるようにも感じられます。こうして、時間をかけて、回数を重ねて、相手の話をよくよく聞いていくうちに、相手から「わかってくれたならそれでいい」と言われ、何の補償を求められる

こともなく、最後に書面を取り交わして解決したことがありました。

　法的にみると、現実的に被害が発生しており、場合によっては訴訟に発展することが予想される事案でした。企業に非があり、企業が不利な事案だったので、被害弁償も行わなければならないことを覚悟しながら対応を進めていましたが、相手の話を聞いているだけで、早期にしかも被害弁償を行わないで解決することができたのです。

　この１件を通じて、相手との間で心理的な架け橋ができれば、必ずしもクレームが生じた原因について白黒つけなくても、それで解決できる場合もあることを学びました。目の前で烈火のごとく怒っている相手は、被害の回復だけではなく、誠実に向き合ってほしいということが目的の場合も往々にして存在します。

　逆に、相手の望みが、単に謝罪のひとことが欲しいというだけにもかかわらず、企業や事業者がクレームの生じた原因について白黒つけることだけにこだわった場合には、解決が遠のきます。解決が遠のくだけではなく、かえって相手の感情を害して事態を紛糾させてしまったり、２次クレーム・３次クレームを誘発してしまったりすることも少なくありません。これは「相手の気持を理解すること」、「相手の気持を理解しようと努めること」という基本的な心掛けが欠落してしまっていることが導き出す悲劇です。

クレーム解決のためには、「相手の気持を理解すること」、「相手の気持を理解しようと努めること」が大切なのです。

(3) 相手の気持を理解するためには？

相手の気持を理解するための一番の方法は、「相手の立場に立って考える」ということです。相手の立場に立って考えてみなければ、たとえ、どんなに時間を使っても、どんなに苦労を重ねても、相手の気持や考えを理解することはできません。

ですので、こちらの言い分は脇において、まずは相手の立場に立って考えてみるという姿勢が必要です。クレーム対応は相手の言い分を聞いて、相手の求めることを探りながら、解決に導くためのプロセスです。相手の話を聞かなければ、相手の求めることがわかりませんし、解決に到達することも困難です。そのため、まずは相手の話を聞くことに努めてください。相手の話を聞く際には相手の話の腰を折らないことが大切です。途中で相手の感情を害したことに対する謝罪の言葉や、相手に対する労いの言葉をかけることも大切ですが、とにかく相手の話を聞いて、聞いて、聞き続けるというスタンスが大切です。

そして、相手の話を聞くだけでは十分ではありません。相手の話から相手の心情を想像することが大切です。「自分が相手と同じ立場だったらどのような気持になるか。どのような感情を抱くか。どのような解決を望むか」ということを相手の立場になってアレコレと想像してみてください。相手の話を聞きつつ、相手が発する断片的な情報や相手の態度や表情から相手の真意を探っていく必要があります。そのようにしていると、お

のずと相手の気持も理解でき、解決に近づいていけるのです。

[図1―6] 相手の立場に立って考える

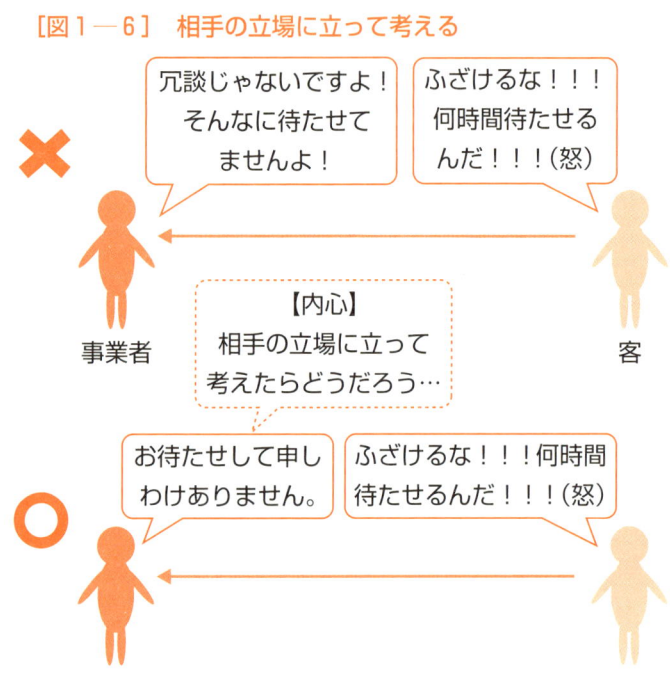

7. クレーム対応は心理戦④（クレーム対応はピンチ？ チャンス？）

(1) クレーム対応が企業の命運を分ける？

　クレーム対応が企業の命運を分けるといっても、ピンとこない人もいるかもしれません。

　以前、私の関与先に発生したクレーム対応についての打合せをしている際に、私が関与先の担当者に対して、「この100円のクレームに対してどのくらい真正面から誠実に対応するかが試されているんです」という説明をしたところ、担当者から「請求されているのは100円の商品の交換ですよ？ そんな大げさな話ではないのではないですか？ 弁護士費用を考えると完全に赤字です……対応する必要があるのですか？」と尋ねられたことがあります。

　確かに、実際に請求されているのは100円の商品の問題かもしれませんが、その背後には何千万円、何億円、何十億円もの利益の喪失が生じ兼ねない状況があります。特に最近はインターネットを通じて、消費者の側からも迅速かつ容易に広大な範囲にわたって情報発信を行うことが可能になっています。また、不思議なことに、人は悪い噂ほど人に伝えたくなる生き物です。真実は関係ありません。悪い噂が噂をよびます。よく風評被害という言葉が使われますが、真実ではない、ただの風評が企業の命運を左右した例も枚挙に暇がありません。

ですので、まずは目の前の損害の額面ではなく、企業や事業が存続し、成長し続けていくための礎になる「信用」、「信頼」が失われ兼ねない重大な局面だという認識をもつことが必要です。クレーム対応にあたる際には、「これは100円の商品の交換の話ではない。企業の利益をすべて吹き飛ばすかもしれない話だ。当社の命運を左右しかねない問題だ」と考えることが重要なのです。

　同じく「100円の商品の交換」の話であっても、「100円の商品の交換の話にはとどまらない」という意識で対応にあたるのと、「100円の商品の交換の話」という意識で対応にあたるのでは、その後の1つひとつの対応は全く変わったものになっていきます。そして、1つひとつの対応の違いが企業や事業の命運に影響を与えかねないのです。

(2)　クレームはピンチ？　それともチャンス？

　企業や事業者にとって、クレーム対応はピンチでもありチャンスでもあります。

　適切なクレーム対応は企業や事業者の評判を高めます。相手に「文句をつけたけれど、やっぱりこの会社はちゃんとした対応をしてくれるなあ……」という感情を抱いてもらえれば、企業や事業者のファンを1人増やしたことになります。そのような意味では、適切なクレーム対応は企業や事業者の評判を高めるチャンスなのです。

　逆に不適切なクレーム対応は企業や事業者の評判を低下させ

ます。相手に「文句をつけたけれど、やっぱりとんでもない会社だった。こんな会社があること自体許されることではない。社会的な害悪だ！」といった感情を抱かれてしまうと、クレーム対応が難航するだけではなく、悪い評価と評判が世間に伝播していく可能性があります。そのような意味では不適切なクレーム対応は企業や事業者の評判を低下させるピンチなのです。

　企業や事業者にクレームを寄せてくる相手は、企業や事業者に対する関心の強い人です。もともと関心の強い人だけに、クレーム対応によってどのような印象をもってもらえるかにより、その後の企業や事業者の評判は変わっていきます。適切なクレーム対応を行うことで企業や事業者のファンを増やせる場合もあれば、不適切なクレーム対応を行うことで企業や事業者のアンチファンを増やしてしまう場合もあるのです。

　大事なのはクレームを「チャンス」ととらえて対応を進めることです。こちら側の抱いている感情は話合いの中で相手に伝播していきます。クレームを「ピンチ」と考えながら対応すると「嫌だな……」、「面倒くさいな……」というネガティブな感情が相手に伝わってしまい、クレーム対応も悪い方向に進んでいきます。逆にクレームを「チャンス」と考えながら対応すると、こちら側の抱いているポジティブな感情が相手に伝わり、クレーム対応も良い方向に進んでいきます。どうせ対応しなければならないのですから、クレームを「チャンス」ととらえて対応を進めることが必要です。

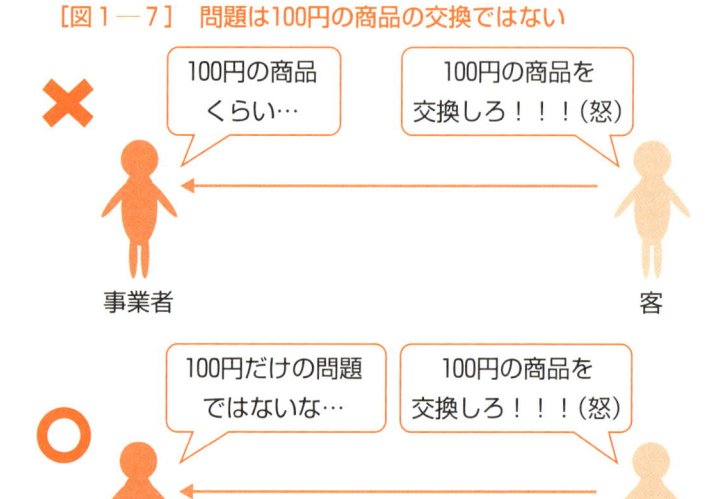

[図1—7] 問題は100円の商品の交換ではない

❌

客「100円の商品を交換しろ！！！(怒)」
事業者「100円の商品くらい…」

⭕

客「100円の商品を交換しろ！！！(怒)」
事業者「100円だけの問題ではないな…」

8. クレーム対応は心理戦⑤（今いるのはどの段階？）

(1) つねに「自分は今どの段階にいる？」のかを考える

目の前のクレーム対応に躍起になっていると、どんどん視野が狭くなっていきます。視野が狭くなっていくと、全体像を見据えたクレーム対応ができなくなります。このような事態が生じた場合には注意が必要です。自分が今どの段階で何をしているのかがわからなくなり、至るべき到達地点を見失ってしまっている可能性があるからです。

クレーム対応を進めるにあたっては、最終的な解決の到達点を見据えて、今自分がどの段階でクレーム対応を進めているのかを確認しながら進めていく必要があるのです。

クレーム対応を進めて解決に至るまでの過程を分解すると、大きく①受付、②調査と確認、③対応策の決定、④対応という4つの段階に分かれます。そして、この4つの段階ごとに、以下のとおりやるべきことは異なります。

① 「受付」の段階

たとえば、①「受付」の段階では、まずは相手に迷惑をかけたことに対する謝罪を行い、相手の真意を引き出す土台をつくり、相手の主張を確認していかなければなりません。そして、同じ①「受付」の段階でも、現場でクレームを受けたのか、電話でクレームを受けたのか、書面でクレームを受けたのかによ

って、対応すべき内容や注意点はさまざまです。

② 「調査と確認」の段階

次に、②「調査と確認」の段階では、事実関係の調査の場面か、調査結果に基づき原因を解明する場面かによって、相手への対応も異なってきます。「調査と確認」は主にクレーム対応を行わなければならない側が行うべき作業です。ある程度調査や確認には時間がかかるので、この間相手には待ってもらわなければなりません。できるだけ相手にストレスをかけずに待ってもらうための方法を考えて実践していかなければなりません。

③ 「対応策の決定」の段階

続いて、③「対応策の決定」の場面は、①「受付」、②「調査と確認」を経て得られた事実経緯やクレームが発生した原因を踏まえて、法的観点やビジネス上の観点から検討された複数の対応策の中から具体的な対処方法を決定するプロセスです。この段階もクレームを受けて対応する側の話ですので、クレームを主張する相手には待ってもらう必要があります。ただ、いたずらに待たせてしまうと、そのこと自体が2次クレーム・3次クレームに発展する可能性があるので、途中経過を報告したり、現在の状況を報告したり、調査や確認の結果の一部または全部を報告したりといったことをしながら、相手が感じるストレスが最小限になるように工夫しながら進めていく必要があります。

④ 「対応」の段階

さらに、④「対応」の場面では、③「対応策の決定」の段階で決めた方針に基づいて、相手と交渉して、相手に納得してもらって、何とか円満に解決するべく話合いを進めていく段階です。こちらの見解をどのようにして相手に伝えるのか、どのよ

うな体制で話合いを進めるのかといったことを慎重に検討しながら、最善の方法で、対応を進めていく必要があります。また、最終的に覚書などの書面を取り交わして、交渉を終了させる場面では、紛争の蒸し返しや悪評の流布がなされないように細かな点まで配慮したクロージングを行うことが必要になります。

　クレーム対応の各段階でその段階に応じた適切な対応を行う必要があります。全体像が把握できていなければ、そもそも今自分がどの段階にいるのかがわからなくなってしまい、「やるべきこと」と全く異なった対応をしてしまう可能性があります。

　ですから、この4つの段階のどこに今自分がいるのかを確認しながら、それぞれの場面ではどのような対応を行うべきなのかを確認しつつ、適切なクレーム対応を進めていくことが必要です。

⑵　「自分は今どの段階にいる？」を確認し続ける

　企業の研修やセミナーなどでこのようなお話をすると、「4つの段階くらいだったら、数も多くないし、迷わないよ」という声が聞こえてきます。

　確かに、冷静な状態では、①受付、②調査と確認、③対応策の決定、④対応の4つの段階で迷うことはないかもしれません。ですが、必ずしも平常時の冷静な対応ができないのがクレーム対応の現場です。しかも、複数のクレームを同時並行で対応しなければならない場合もあります。そうなってくると、普段であればできていることができなくなってしまいがちなのです。

個々の対応の場面で「あれ？ どの段階だっけ？」と意識的に気づくこともあれば、そもそもそのようなことすら考えられずに、気づけばやみくもに目の前に現れた球だけを打ち返しているような状態に陥ってしまっている場合もあるのです。

　私自身も弁護士になって間がない頃は、「あれ？ 今はどの段階だっけ？」と考えてしまうことがありました。最近は、クレーム対応を進める前に、自分がどこの場面で対応しているかを確認したうえで、個々の業務の対応をするようにしています。具体的には、［図1─8］（今自分はどの段階にいる？）の中で紹介しているような時系列表をもとにもう少し詳細な時系列表をA4サイズの紙に記載して、つねに進捗状況を書き入れながら対応を進めています。

　クレーム対応の業務にあたる前に時系列表を参照しながら、その日の話合いがどの段階での話合いなのかを確認しつつ、具体的な対応を進めていきます。事前に全体の進行の中のどの段階にいるかを確認することで、自分がこれから行うべき対応を明確にしながら進めていくようにしてください。

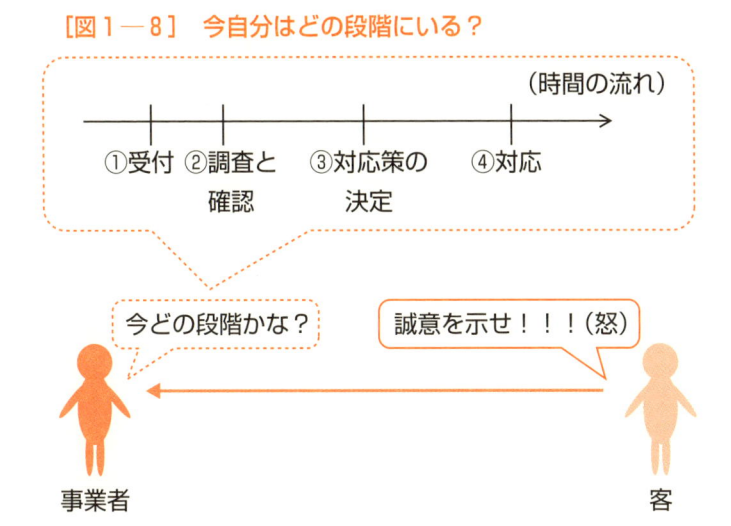

[図１―８] 今自分はどの段階にいる？

（時間の流れ）

①受付　②調査と確認　③対応策の決定　④対応

今どの段階かな？

誠意を示せ！！！（怒）

事業者　　　　　　　　　　　　客

9. クレーム対応の5原則①（一貫性）

(1) 一貫した対応の必要性

　クレーム対応を進める際に心掛けるべき大切な5つの原則があります。クレーム対応の5原則の1番目は「一貫性」です。クレーム対応の全過程で「一貫性」をもった対応を行う必要があります。

　誰でもクレーム対応を進めるに先立って戦略を練ると思います。立案した戦略に基づいて具体的な戦術を駆使していきます。時間軸でとらえて、クレーム対応の個々の場面の主導権を握りながら、対応を進めていく必要があるのです。

　「その場、その場で自分たちが主導権を握れるように対応していけばいいんだ」と考えている方もいるかもしれませんが、場当たり的な対応では決して良い結果を導くことはできません。良い結果を導けないどころか、かえって、2次クレーム・3次クレームを誘発して事態を紛糾させることにつながりかねません。

　クレーム対応は、企業や事業者の誠意を伝えて、相手に納得してもらうためのプロセスです。相手に納得してもらう最善の方法は、一貫した対応を貫くことです。人は一貫した対応に安心感や安定感を得るものです。クレーム対応の個々の場面で、相手に「嘘をついていない」、「都合の悪いことをごまかしてい

ない」、「誠意をもって対応してくれている」という印象をもってもらう必要がありますが、一貫性をもった対応は、相手が抱いたこれらの印象を増幅させていきます。

　逆に、一貫性のない対応をされてしまうと、相手の、不平・不満・不安・不信・怒りといった悪感情を増幅させてしまいます。「前と言っていることが違うじゃないか！」、「前の担当者からは違う説明があったぞ！」といったことはクレーム対応の現場でよく耳にする言葉ですが、これらの言葉は一貫性のない対応によって導かれているのです。

(2) 自分たちが決めた軸からぶれないように

　最初に一貫性をもった対応を進めると決めただけでは不十分です。クレーム対応の過程では、意識しないうちに、軸がぶれてしまう場合があるからです。クレーム対応の現場は感情の坩堝です。クレームを寄せる相手は不平・不満・不信・不安・怒りの感情に満ち溢れています。そのような場面では、ついつい当初立てた方針とずれが生じてしまい、軸からぶれた対応を進めてしまうことも少なくありません。私自身もこれまでの経験の中で、そのような場面に何度も接してきました。

　一貫性をもった対応を進めるためには、客観的に判断できる人の意見を聞きながら進めていくことが大切です。現場から少し離れた立場で、現場のクレーム対応の是非を俯瞰的にみながら適否を判断できる人が必要なのです。たとえば、担当部署の管理職や、取締役や経営者や社外の弁護士などが望ましいと思います。

(3) 「一貫性」を維持していくための具体的な方法は？

　クレーム対応を進める過程では相手と交渉を行う必要が出てきます。交渉で重要なのは解決のためのボトムライン（獲得目標）を設定することです。ですから、クレーム対応の場合でもボトムラインを設定する必要があります。ボトムラインの設定というのは「交渉で解決したいと考えていたが、これ以上の請求をされたら訴訟もやむを得ない」とか「商品の交換には応じるけれど、謝罪金の支払いは行わない」といった企業や事業者が応じられる各ラインの線引きを行うことです。

　そして、一度設定したボトムラインは簡単に変更してはいけません。一度決定したボトムラインを維持し続けることが大切なのです。たとえば、目の前のクレームに対して、方針A、方針B、方針Cの3つの対応が考えられるとして、自分たちが方針Aでいくと決めた場合には、どんなことがあっても、基本的には方針Aを貫き通す方向で個々の場面でクレーム対応を進めていくといった姿勢が大切になります。

　注意が必要なのは「基本的には」という部分です。状況が変われば対応も変更する必要があります。その後の調査や事情の変更などによって、対応を変えなければならない場面が出てくるのです。その場合には「例外的に」当初の方針を変えて対応にあたる必要があります。このことは、次の「10. クレーム対応の5原則②（柔軟性）」で説明します。

[図1－9] 一度決めた軸は基本的にはずらさない

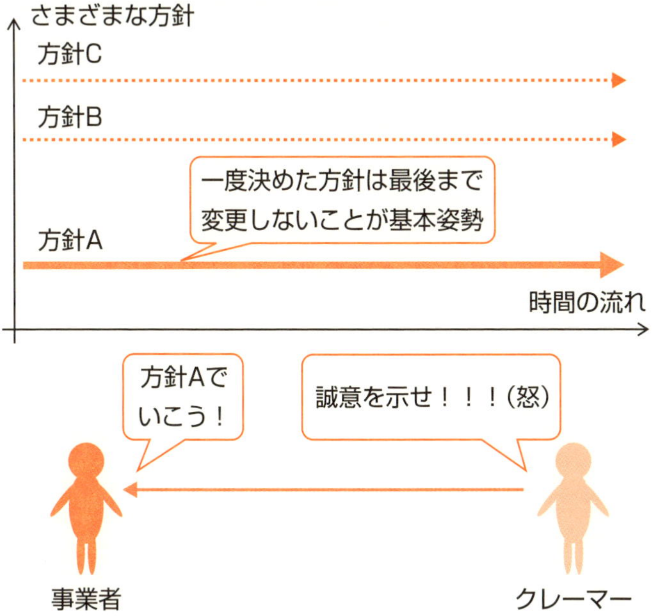

さまざまな方針

方針C

方針B

方針A

一度決めた方針は最後まで変更しないことが基本姿勢

時間の流れ

方針Aでいこう！

誠意を示せ！！！（怒）

事業者

クレーマー

10. クレーム対応の5原則②（柔軟性）

(1) 一貫性だけでは不十分

　クレーム対応の5原則の2番目は「柔軟性」です。「柔軟性」というと1番目の原則の「一貫性」と矛盾するように感じられるかもしれませんが、クレーム対応を進めるに際しては「一貫性」を貫徹するだけでは不十分です。クレーム対応の各場面で適時適切に「柔軟性」をもった対応を行うことが必要です。

　時間の経過とともに事態は刻々と変化していきます。クレームの第一報を受けて、事実確認や原因の調査や責任の有無の判断を行いますが、確認結果や調査結果や責任の有無の判断によって当初の想像とは異なった方向の「真実」がみえてくる場合があります。時間の経過によって、新しい事実がわかったり、当初想定していなかった問題がわかったりすることがあるのです。

　また、時間の経過とともに相手の感情も変化していきます。前回の面会にはAのことだけだったのに、今回の面会ではBのことやCのことが指摘されたりします。時間の流れによって、相手はさまざまなことを付け加えて指摘してくることもあります。逆に、AとBとCのことを指摘されていたけれど、AとBのことは何も言わなくなり、Cのことだけ指摘を受けたりする場合があるのです。

こういった状態が生じたときに「一貫性」を貫くとかえって事態は紛糾していきます。当初はわからなかった事実が判明したり、調査結果や責任の有無に応じて、柔軟に対応を変更させていくことが必要なのです。

(2) 事実確認・調査結果・責任の有無の判断に基づいた変更を

時間や相手の感情といった状況の変化に応じて柔軟に対応していくことと、その場しのぎで場当たり的な対応をすることは異なります。事実確認や調査結果や責任の有無の判断に基づいて当初決めたクレーム対応の方針を変更する場合には、慎重に行う必要があります。当初の方針を変更するためには、あくまで、事実確認や調査結果や責任の有無の判断といった主体的かつ客観的な要因に基づいて決定する必要があります。「事実確認によって当初確認できなかった事実が判明したから」、「調査によって当初想定していなかった原因がわかったから」、「弁護士に相談したら責任の所在と範囲が判明したから」といった理由に基づいて、対応を変更する必要があるのです。

「相手の感情が収まらないから」とか「相手がこう言ってきたから」ということで対応を変更するのはその場しのぎの場当たり的な対応です。このような対応を行うと「これまでは商品の交換と言っていたけれど、やっぱり気が変わった。商品の交換だけではなくて、謝罪金をよこせ」などと言われたら、またそのつど相手の意のままに対応を検討しなければならなくなり、クレーム対応は解決をみることができずに泥沼にはまっていきます。

繰り返しになりますが、基本的には当初決定した方針に基づいた「一貫性」をもった対応を貫徹することが望ましいのです。ただ、例外的に事実確認や調査結果や責任の有無の判断によって得られた結果に基づいて対応を変更する必要が生じた場合には、慎重に「柔軟性」をもった対応の変更も許されると考えてください。

[図１―10] 状況の変化に応じて柔軟に対応を

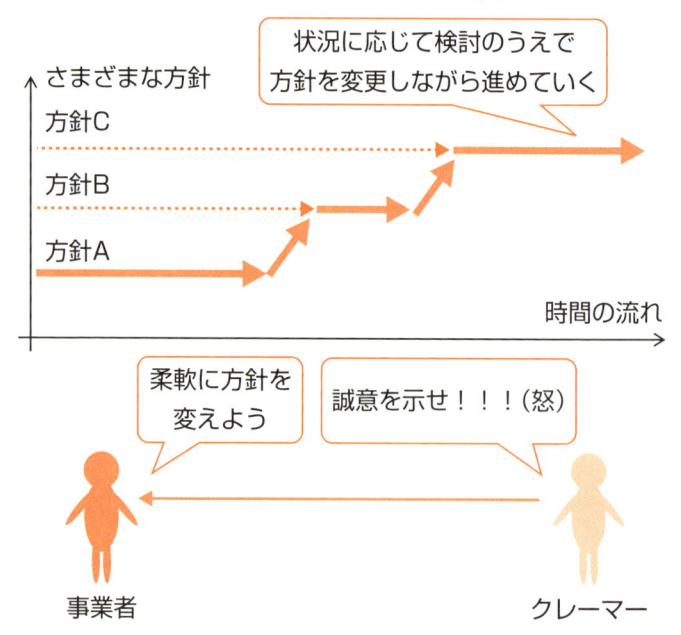

11. クレーム対応の5原則③（公平性）

(1) 特別扱いをしようと思ったら？

　クレーム対応の5原則の3番目は「公平性」です。クレーム対応の場面では、あくまで「すべてのお客様は平等である。だからこそ、すべてのお客様に対して公平に対応する」という姿勢で対応を進めることが重要です。

　クレーム対応を進めていると、「このクレーマーはうるさいから、要求を飲んで、早く解決してしまおう」などといった特別扱いを行いたくなる衝動に駆られる場合があります。うるさいクレーマーにつき合っていると、他のやらなければならないことが全くできなくなってしまいます。時間的な負担が大きくなります。また、精神的にもしんどい思いをしなければなりません。ですからこのような特別扱いの衝動に駆られそうになることも理解できなくはありません。

　クレーム対応は苦役の連続です。人間は苦しい状況に追い込まれれば追い込まれるほど逃げ道を探す生き物です。その逃げ道の1つが「特別扱い」です。執拗なクレーマーを相手にしていると、「今回1回くらいなら大丈夫だろう……」、「ここだけは早く解決してしまおう……」、「守秘義務条項を設ければ大丈夫だろう……」、「5000円くらいだから、面倒だからこのお客様にだけは返してしまおう……」といった考えがふと頭をよぎりますが、そのような考えが頭に浮かんだ場合には、すぐにその

47

ような考えを打ち消してください。

⑵ **常連客がクレーマーになった場合？**

　日頃から自社の商品やサービスをひいきにしてくれている常連客からクレームを受ける場合があります。常連客は日頃からその商品やサービスをよく知っているので、クレーマーになったときには、普通の顧客よりも手ごわい相手になります。また、常連客は期待や信頼が高いので、それらが損なわれた場合には、要求レベルも過度なものになってしまう傾向にあります。さらに、常連客はどうしても「自分は他の客とは違う」、「自分はこれだけA店で商品を買っているから、他の客とは違うはずだ！」、「自分はこんなにB店に通っているのだから、他の人よりも厚遇されるべきだ」と考えているため、特別扱いを要求しがちなのです。

　他方で、クレーム対応にあたる側も「常連さんを怒らせてしまった……」とか「これでもう二度とうちの商品を買ってくれなくなったらどうしよう……」とか「日頃はあんなに良いお客さんだったのに……」といった考えが頭をよぎります。常連客を失うことによる利益の喪失を大きな痛手ととらえてしまいがちなのです。そのため、常連客からクレームが入った場合には、ついつい「常連客だから……」という考えも頭をよぎると思いますし、多少優遇して対応しなければならない場合もあるかもしれません。でも、そうした場合の反動を予測したうえで対応を検討すべきなのです。

(3) 不公平な対応をしてしまったら？

　かりに一部の顧客だけに特別扱いをしてしまった場合には、特別に優遇された顧客は「この会社や事業者はちょっと難癖をつければよくしてくれる」といった発想を抱くかもしれません。「あれ？　前回はこのように対応してくれたのに今回は違うのですか？」とか「あれ？　ほかの人のときは、違った対応をしてくれたと聞きました。私には同じように対応してくれないのですか？」と言われてしまうと追い込まれていきます。特別扱いをした側は「いや……あれは特別で……」とは言いづらいものです。このように一度味をしめられてしまうと徐々に相手の要求内容や要求頻度がエスカレートしていく可能性があるのです。

　また、特別扱いをしたとか、特別扱いを受けたという話は噂の火種となり、不特定多数に伝播されていく可能性があります。そのため、一度そのような対応を行ってしまうと、今度はその話自体に尾ひれ背びれがついて、「不公平な対応をする会社」というイメージがどんどん拡散されていきます。このような悪いイメージは企業や事業主に付着してしまい簡単には拭い去ることはできません。

　クレーム対応の場面では1度の特別扱いが命取りになりかねません。怖いのは、クレーム対応のまずさが不特定多数の第三者を巻き込んで拡散されていくことです。このような情報が拡散された結果、企業や事業主の存立基盤すら危ぶまれる窮地に陥ってしまった例はたくさんあります。クレーム対応の場面での特別扱いは、将来の不当な要求や不正な要求の温床になり、

健全な事業基盤を蝕んでいきます。ですから、クレームの受付の段階から公平性を意識することはもちろんのこと、クレーム対応の過程でも公平性を維持し続けて、解決方法についても公平性をもった内容で解決すること、すべての過程で「公平性」を意識することが大切です。

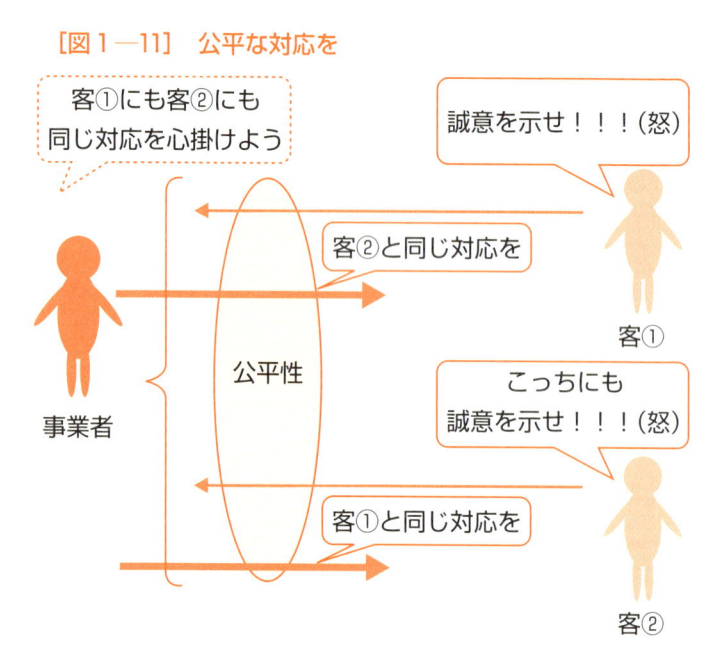

[図1－11] 公平な対応を

12. クレーム対応の5原則④（公正性）

(1) 「行って良いこと」と「行ってはいけないこと」

　クレーム対応の5原則の4番目は「公正性」です。「公正性って何だろう？」と疑問をおもちになる方もいるかもしれません。「公正性」というのは、法的な観点からも正しく、また道義的な観点からも正しいという意味です。

　たとえば、世の中には「行って良いこと」と「行ってはいけないこと」があります。そしてそのルールが法律や規則に定められています。また、企業によっては「コンプライアンス指針」や「行動準則」などを策定して、社内で行って良いことと悪いことを、日々の業務の細かなレベルでも明確にしているところもあります。このような法令、規則、社内のルールなどに違反して「行ってはいけないこと」をしてしまった場合には、刑事罰を受けたり、民事上の請求を受けたりすることになるのです。

　日常生活の中では、法令を遵守すること、すなわちコンプライアンスにかなった対応をすることはあたり前のように思われているかもしれませんが、クレーム対応の現場では、相手からのプレッシャーや、対応に時間をとられることへの煩わしさが先に立って、日頃からできていることができなくなってしまいがちです。

詳しくは書けませんが、実際にあったケースで、執拗なクレーマーからの要望に根負けして、会社の役員が社内で必要な手続を経ることなく、独断で多額の金銭の支出をクレーマーに約束してしまったような例がありました。幸いにも大きな事件にはならずに済みましたが、この場合には特別背任罪（会社法960条）に該当するとの指摘を受けて、結局、その役員は会社を追われる形になりました。

　日頃できていることができなくなってしまうことが、クレーム対応の現場の恐ろしさです。日頃できていることができなくなってしまう結果、「行ってはいけないこと」をしてしまう可能性があるのです。

　ですので、クレーム対応にあたる場合には、対応や行動の指針として、「行って良いこと」と「行ってはいけないこと」を峻別して、しっかりとした体制を整えながら、「公正性」が維持されているか、つねに複数人で対応状況をモニタリングしていくことが必要です。

⑵　「公正性」の判断はどのように行うのか？

　それでは「公正性」が保たれているかどうかはどのように判断するのでしょうか。「公正性」は２段階で判断を行います。

　すなわち、まずは法的な観点から検討を行います。法的な観点から「法律に違反する」、「規則に違反する」対応を行うことはできません。また、法律や規則に違反していなかったとしても「社内のルールに違反する」対応も行うべきではありません。

判断に迷う場合や、どのように判断してよいかわからない場合には、弁護士などの法律の専門家に相談をしたうえで、対応の方向性を決定する必要があります。

　次に、法的な観点からは問題がないという結論になった場合、道徳的にみて、倫理的にみて、人道的にみて、「行うべきか」それとも「行うべきではないか」を判断することになります。これらの判断は企業や事業者の側で判断を行わなければなりません。そして、道徳的な観点、倫理的な観点、人道的な観点には多分に個々人の価値判断が入ってくるので、理想をいえば、年齢や役職や立場が異なる複数の人間でこれらを判断したほうが良い結果を導き出せるのではないかと思います。

[図1―12] 公正な判断に基づく対応を

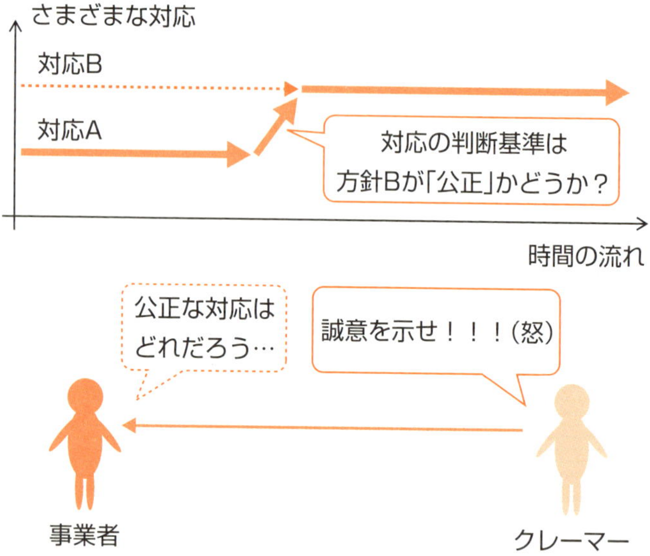

さまざまな対応

対応B

対応A

対応の判断基準は方針Bが「公正」かどうか？

時間の流れ

公正な対応はどれだろう…

誠意を示せ！！！（怒）

事業者

クレーマー

13. クレーム対応の5原則⑤（迅速性）

(1) 「迅速性」の効果

　クレーム対応の5原則の最後は「迅速性」です。クレーム対応の初期対応を迅速に行うことに加え、その後の個々の相手とのやりとり、そしてクレームの解決までに要する期間のすべてにおいて「迅速性」の観点を重視しながら対応していくことが重要です。

　クレーム対応の現場は、企業や事業者に対する不平・不満・不安・不信・怒りの感情が蔓延していますが、相手が企業や事業者に抱いている悪感情は時間の経過に比例して増大していく傾向があります。相手の悪感情が増大すれば増大するほど、クレーム対応の解決は困難になっていきます。ですので、少しでも迅速な対応を行うことで、相手が抱いている悪感情が増大する前に、事態を収束させることを意識する必要があります。

　また、人間の感情は移ろいやすいものです。時間が変われば気持が変わります。場所が変われば気持が変わります。天気が変われば気持が変わります。気持は日々刻々と変わるものなのです。クレーム対応にあたる側が、もたもたと対応しているうちに、せっかく解決が間近にみえたクレーム対応が暗礁に乗り上げてしまった例もたくさんあります。

　現代人はとかく時間がありません。日々忙しく過ごしていま

す。そのような中でも、最高の集中力を発揮しながら、とにかく1つひとつの対応を迅速に行うこと、そして、その姿勢をクレーム対応の全過程で維持していくことが大切です。

(2) 重要なのは初期対応における「迅速性」

　事実確認もできておらず、原因の調査もできていない段階だからこそ、ときには初期対応でたいていのクレームを処理してしまうという意識も大切です。たとえば、クレーム対応の相手の主張する商品の保証期間が過ぎている場合だとか、相手の言い分が明らかに無茶苦茶で悪質なクレーマーであるような場合には、初期対応の段階で相手の言い分を拒絶するという対応もあり得ます。逆に、相手の言い分が明らかに正当な場合には、初期対応の段階ですぐに適切な対応を講じる必要がある場合もあるのです。

　2次クレーム・3次クレームの多くは「困ってお客様相談窓口に連絡したのに、すぐに対応してくれなかった」とか、「何度も電話しているのにたらい回しにされた」とか、「回答すると言っているのに、いつまで経っても回答がこなかった」とか、「すぐに連絡すると言っていたのに、すぐに連絡がこなかった」など、クレーム対応にあたる企業や事業者の側に「迅速性」に欠ける対応があった場合に発生することが多いのです。このような無駄な2次クレーム・3次クレーム対応を行わなくても済むように、クレーム対応のすべての過程を通じて、とにかく「迅速性」を意識した対応を行う必要があるのです。

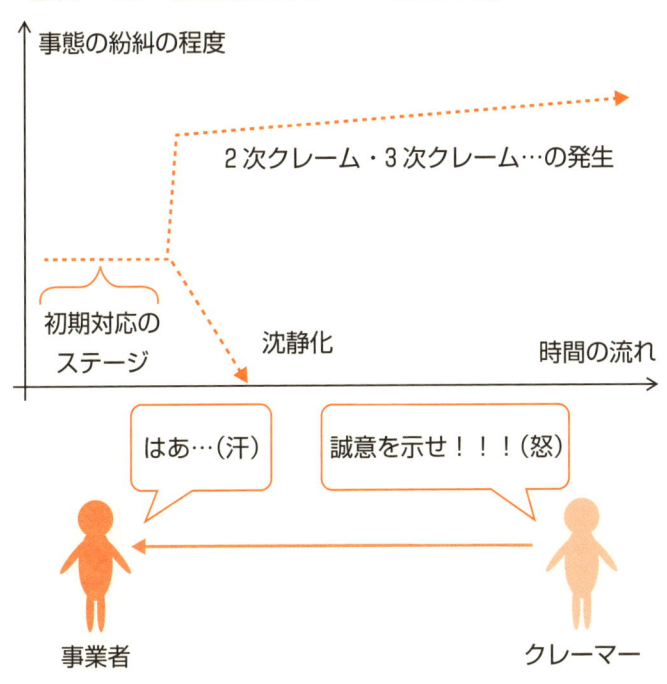

[図1—13] 初期対応のステージが分かれ道

- 縦軸: 事態の紛糾の程度
- 横軸: 時間の流れ

2次クレーム・3次クレーム…の発生

初期対応のステージ

沈静化

事業者:「はあ…(汗)」
クレーマー:「誠意を示せ!!!(怒)」

第2章

クレーム対応の具体的方法

「第1章　クレーム対応の心掛け」では、クレーム対応を進めるに際して必要となる心掛けについて説明しました。

　ここからは、いよいよ実践編に入ります。

　クレーム対応の過程を分解すると、大きく、①受付、②調査と確認、③対応策の決定、④対応という4つの段階に分けることができます。これらの各段階で必要とされるノウハウや注意すべき点は異なります。2次クレーム・3次クレームの発生を防ぎながら、適切な解決を導くためには、クレーム対応を進めていく各段階で、注意すべき事項を十分に理解したうえで、本書で紹介するノウハウに沿った対応を進めていく必要があります。

　本章では、クレーム対応の過程の個々の場面で、具体的に、また実際に活用できる実践的なノウハウを紹介します。

1. 情報管理①（案件「内」情報管理）

(1) 情報管理の重要性

　クレーム対応は、①受付、②調査と確認、③対応策の決定、④対応といった過程で進んでいきますが、そのすべての過程で心得ていただきたいのが、実際に進行しているクレーム対応案件の「情報管理を適切に行うことの重要性」です。クレーム対応の各過程で情報管理を適切に行うことは以下の視点から重要です。

① 対外的に共通の事実認識に基づいて対応を進めるため

　クレーム対応の各場面で、相手から「前回説明したのに、きちんと理解してくれたのか？」、「この間言ったことはきちんと検討してくれたのか？」、「そんなことは言っていないぞ！」、「この間と説明内容が違う！」、「この間はきちんと約束してくれたじゃないか！」、「担当者がころころと変わるけれど、大丈夫なのか？」、「前任の担当者はそんなことは言っていなかったぞ！」などといった、いわゆる「言った」、「言わない」に関するやりとりが発生しがちです。このようなやりとりはクレーム対応の本質とはずれた不毛なものであることがほとんどです。それにもかかわらず、クレーム対応の現場では、このような不毛なやりとりに膨大な時間が費やされています。そしてこの不毛なやりとりから発展する2次クレーム・3次クレームが実際のクレーム対応を困難にしたり、解決不可能な程度まで事態を紛糾させたりしてしまっています。そして、このような不毛なやりとりの多くや行き違いは「情報管理を徹底すること」で防

止することができるのです。

② 対内的に共通の事実認識をもって対応を進めるため

クレーム対応の現場では、担当者以外にも、企業や事業者の内部でのサポートチームや弁護士等の外部の専門家の意見も聞きながら、複数の担当者で対応を進めていく必要があります。このことは、すでに説明したとおりですが（第1章「5．クレーム対応は心理戦②（最も大事なのはメンタルケア)」参照）、1つひとつのやりとりがしっかりと記録化されていなければ、担当者ばかりでなく、内部のサポートチームに加え、外部の専門家など、企業や事業者の関与者全員が共通の認識に基づいた適切な対応を講じていくことはできません。また、クレーム対応の種類はさまざまです。すぐに解決できるクレーム対応ばかりとは限りません。長期戦になるクレーム対応もあります。相手とのやりとりや調査などに時間を要し、数カ月から1年、場合によってはそれ以上の時間がかかる場合もあるのです。企業や事業者の担当者の退職や退社、転勤や部署移動などが生じて、これまで対応していた担当窓口が変更になる場合があります。そのような場合にそれまでのクレーム対応に関する情報の引き継ぎを正確に行うことができなければ、相手が抱いている悪感情を増幅させてクレーム対応の解決が困難になります。そのような事態が発生することを防ぐためにも情報管理を徹底して情報共有の土台を整える必要があるのです。

③ 正確な事実認識に基づいて対応を進めるため

相手の言い分を聞く過程で、こちらの理解不足や誤解などにより、相手の言い分を正確に理解することができないことがあります。口頭でのやりとりだと、どうしても話の聞き手の受け取り方で事実が違った内容で認識されてしまうことがあります。

また、逆にこちらが説明した内容を、相手が勝手に勘違いしてしまい、そのまま話合いが進んでいってしまうことがあります。お互いに間違った事実認識で進んでいくクレーム対応ほど不幸なことはありません。お互いの言い分や事実経緯を正しく認識したうえで、クレーム対応を進めていく必要があるのです。そのためにも情報管理の徹底が必要になります。クレーム対応の基本は書面でやりとりを行うことです。ただ、企業や事業者からも書面を送付する場合には、良くも悪くも記録が残ってしまうという点に注意が必要です。そして、企業や事業者の側も自分たちが相手に送付した書面をすべて記録としてしっかりと保管しておく必要があります。日々の相談の中で「どのような書面を送りましたか？　原文を確認させていただけますか？」とお願いしたところ、相談に来ていた担当者から「いや、あの……、実は控えをとらずに相手に送ってしまって、原本も写しも手元にはないのです……」と言われたことが何回もありますが、このような姿勢ではクレームを正しく解決に進めていくことは困難です。記録化の仕方に関する工夫については後述しますが、相手とのやりとりをしっかりと記録に残しながらクレーム対応を進めていくという姿勢が大切です。

④　クレーム対応の現場で俊敏な対応を行うため

加えて、クレーム対応の場面では俊敏性が要求されます。いざ相手との間で実際の対応を進めなければならない場面になってから記録を探しているようだと、無駄な時間がかかります。この無駄な時間が相手の悪感情を増幅させ、クレーム対応を困難なものにしてしまう可能性があります。たとえば、商品のクレームに関して継続的に話合いを行っている相手から電話がかかってきたとします。その場合に「あれ？　何の件だったかな

……」とか、「あれ？ あの記録はどこだったかな……」と言いながら記録を探しながら相手を待たせていると、相手の悪感情が増幅していきます。とにかく人は待たされることを嫌います。クレーム対応の相手を待たせることは、相手のイライラ感を増幅させることにつながるのです。また、クレーム対応の場面で、相手から「前回はこのような話はしていないだろ！」と言われることがあります。その場面で、「あれ？ そうだったでしょうか？」とか、「あれ？ どうだったかな……」などとあいまいな記憶に基づいた対応をしてしまうと、相手の思うままに話合いを進められてしまう可能性もあります。これらの事態が生じることを防ぐためにも、日頃からしっかりと対応経緯や交渉経緯を記録化しておくことが大切です。

⑤ 万が一訴訟になった場合に備えるため

クレーム対応が相手との話合いで解決できればよいのですが、双方の事実認識やクレームが発生した原因に対する理解が食い違ったり、解決に至るための条件が食い違ったりして、話合いだけでは解決ができない場合があります。そのような場合には、調停手続や訴訟手続といった裁判上の手続を利用することが想定されますが、その際には、裁判上の手続を利用するまでに当事者間でどのようなやりとりがされていたのか、その事実経緯自体が重要な事実になる場合があります。そして、裁判上の手続では、企業や事業者の認識する事実経緯や主張を裏付けるための証拠を提出できなければ、裁判所に企業や事業者の主張を認識してもらうことは困難です。クレーム対応の最終局面で、企業や事業者に有利な方向で判断をしてもらうためには、こちらの主張を裏付けるための証拠が不可欠なのです。そのような裁判上の手続の中で重要な事実として扱われる事実を証明する

ためにも、対応経緯や交渉経緯を意識的にしっかりと記録化して将来裁判上の手続に進んだ際の証拠を確保しておく必要があります。

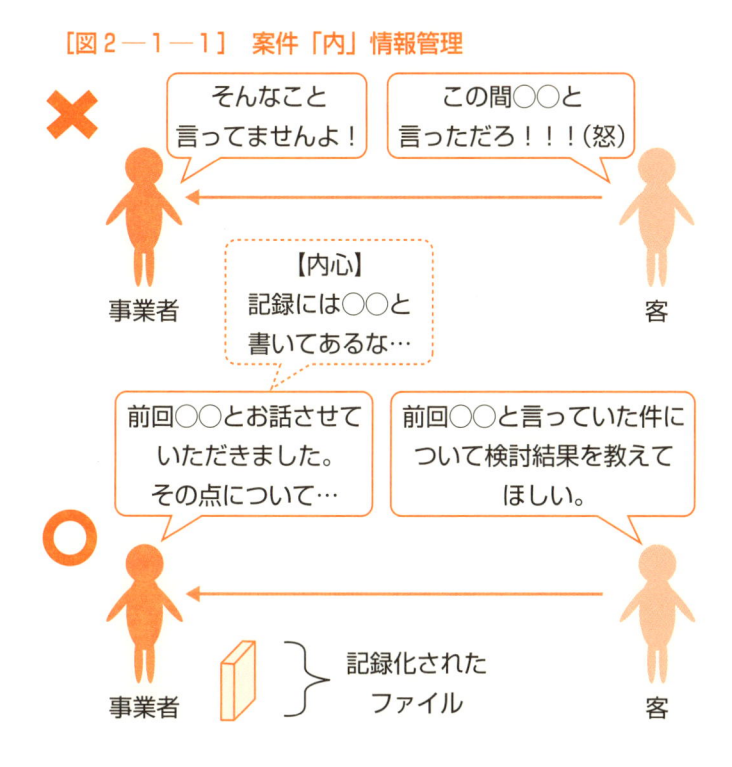

[図２－１－１] 案件「内」情報管理

✕
そんなこと言ってませんよ！
この間○○と言っただろ！！！（怒）
事業者　　　客

【内心】記録には○○と書いてあるな…

○
前回○○とお話させていただきました。その点について…
前回○○と言っていた件について検討結果を教えてほしい。
事業者　記録化されたファイル　客

(2) 情報管理の具体的な方法①「メモをとること」

記録化を行う際に意識していただきたいのは、とにかく「メモをとること」です。「メモをとること」の意味は、言った・言わないという膨大な無駄を排除することに加えて、何より、

将来訴訟に発展した場合に備えて証拠を残すという意味があります。

　そのため、メモをとる際には、将来訴訟に発展した場合に証拠としての価値が高く認められる形式・内容で残す必要があるのです。記録化をする際に注意していただきたいことは、時系列に沿って、記録化をすることです。

　とかく人間は忘れやすい生き物です。私自身も、昨日食べた物の記憶すらあいまいですし、一昨日食べた物については思い出すことすら困難です。たった数日前に食べた物でも、ほとんど忘れてしまっているのですから、数日から数週間、数カ月間、もしくは数年に及ぶクレーム対応の各場面を後から振り返るのは、なお一層困難です。

　もし、かりに思い出しても、記憶があいまいな可能性もあります。自分の都合よく記憶を変容させてしまっている可能性もあります。特に複数のクレーム対応案件を並行して進めているような状態だと、さらにこの傾向は強まります。ですからしっかりとした情報管理を行うことで、見直せばすぐに思い出せるように、日頃から情報管理を徹底して行っておくことが必要です。

　これまでに私が対応したケースの中で、相手から「前回会った時と違うじゃないか？ どうなっているんだ？」、「前回面会した時の説明と違うだろ！」、「前回は損害を賠償すると約束してくれたじゃないか！」などと言われたことは一度や二度では

ありませんが、正確に記録化をしておくことで、「前回の記録を確認させていただきましたが、私の記録には残っておりません。前回そのような話をさせていただいた覚えはありません」と自信をもって回答することができるのです。人間の記憶はあいまいですから、逆に企業や事業者が正確な記録に基づかないで話をしていると、相手から「そんな話じゃなかっただろ！」と言われたときに、自信がなくなってしまい、相手が望むレールに乗って話が進んでいってしまう可能性が高くなります。

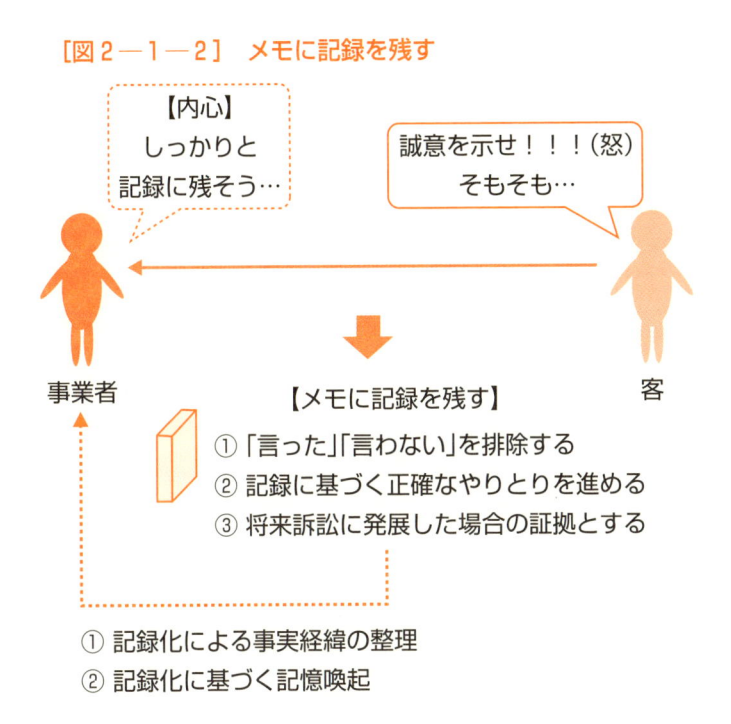

[図2－1－2] メモに記録を残す

【内心】
しっかりと
記録に残そう…

誠意を示せ！！！（怒）
そもそも…

事業者

客

【メモに記録を残す】
① 「言った」「言わない」を排除する
② 記録に基づく正確なやりとりを進める
③ 将来訴訟に発展した場合の証拠とする

① 記録化による事実経緯の整理
② 記録化に基づく記憶喚起

⑶ 情報管理の具体的な方法②「メモのとり方」、「記録の残し方」

　それでは具体的にどのように「メモをとり」、「記録を残す」とよいのでしょうか。メモのとり方や記録の残し方にはさまざまな方法がありますが、以下の点に注意しながら、メモをとったり、記録に残したりするようにしてください。

①　メモをとりながら話を聞くこと

　人間の記憶はあいまいなものです。相手の話を聞いているだけでは、聞いた話の内容もすぐに右から左に流れて忘れてしまいます。よほど記憶力の良い人であっても、自分が実際に体験したこと以外はそれほど深く記憶には残りません。注意深く相手の話に耳を傾けていたとしても、その話の内容をすべて正確に記憶に残しておくことはできません。よほど記憶力の良い人でも、会話の内容をすべて正確に再現することは不可能なのです。今相手が話をしている内容を正確に記録に残せるのは今しかありません。そのため、相手の言っている話を可能な限りその場でメモに記録していく必要があります。そして、将来的にこのメモ自体が証拠になる可能性があります。また、副次的な効果ですが、メモをとる行為自体が相手に「熱心に話を聞いてくれている」印象を与えることにつながる場合があります。私が新人弁護士時代のことですが、示談の交渉の際に、メモ用紙を忘れてしまいました。そのため、スケジュール帳の余白部分に途切れ途切れにメモをとって記録に残そうとしていました。相手から、「そんなところにメモをして、なくならないのか？きちんと話をするつもりがあるのか！」とお叱りを受けたことがあります。「メモ用紙を忘れてしまいまして……」と説明す

ることもできませんので、その場はほかの回答をしてしのぎましたが、相手からするとこちらの姿勢が不誠実にみえたのでしょうし、きちんと話を聞いてくれているのかについても不信感が募ったのだと思います。

② 時系列に沿って話を聞くこと

　相手が時系列に沿って順に話をしてくれれば、それに沿ってメモに記録していけばよいので問題はありませんが、相手の話があっちに飛んで、こっちに飛んでと、整理されていない場合があります。そのような場合に相手が話す順で、相手が話をするとおりに、メモに残していくのでは、正確に事実経緯や相手の言い分を理解することはできません。そこで、相手の話を遮らないように、順序良く相手が話をしてくれるように導きながら、メモに残すようにしていく工夫が必要です。事実関係の聞き取り方にはコツがあります。聞き方の基本は時間の流れに沿って話を聞いていくことです。時系列に沿って事実を確認していきます。相手がどのような経緯で、商品を購入したり、サービスの提供を受けたのかを時間の流れに沿って聞き取っていきます。たとえば、メモをとる際も「平成〇〇年〇月〇日　午前〇時　：来店し、〇〇の接客を受けた」などと時間の流れに沿ってまとめていきます。相手の話があっちに飛んで、こっちに飛んでと、多方面に飛ぶように感じても、メモを見ながら相手の話を聞いていく中で、聞き漏らしなく、時間の流れに沿って、話を理解し、それを手元のメモに記録として残していくようにしてください。時間の流れに沿って話を聞きながらメモに記録していくことで、重要な事実経緯を漏らさず確認していくことができるのです。また、相手の話を聞いているうちに、「あれ？　この後どうなって、こうなったのだろう……」と感じる

ような場合には、話が飛んでしまっていることが多いと思われるので、相手に確認をして、事実経緯の漏れがないかを確認しながら進めいくことが大切です。

③ 5W1Hを意識しながら話を聞くこと

時間の流れに沿って話を聞いていくとして、その1つひとつの項目では、5W1Hを意識しながら聞き取っていくようにしてください。そうすることで聞き逃しがなくなります。いつ、誰が、なぜ、どこで、何を、どのようにして、どうなったかを確認しながら聞いていきます。たとえば「平成○○年○月○日午前○時頃（いつ）：Aが（誰が）、○○のために（なぜ）、当社の○○店（どこで）に来店して、○○からB商品の（何を）説明を受けた（どのように）」というように、5W1Hがすべて満たされているかどうか、もし聞き漏らしがあれば、その場で確認しながら、メモに残していくようにしてください。相手が話をしてくれているその場で確認をする分には相手に悪印象を与えることはありませんが、後日、相手に「あの時、聞き漏らしてしまったのですけれど……もう一度教えていただけませんか？」とか「この後どうなったのでしたっけ？」などと聞き返すと、相手に「この人、きちんと話を理解してくれているのか？」、「話を聞いているふりだったのでは？」といった不信感や不安感を与えてしまうことになりかねません。そのため「この話を聞くことができるのは一度きり」という覚悟で集中力を高めて相手の話を聞くようにして、聞き逃しがないように、5W1Hを確認しつつ話を聞いていくことが大切です。

また、時間的な余裕がある場合には、相手に話を聞く前にあらかじめ相手に何を聞くべきかを用意しておくとよいと思いま

す。たとえば、製品の事故の場合には、①被害を受けた製品、購入場所、購入年月日、②被害者は誰か、③被害の程度は（医師の診断書があるか）、④被害を受けた製品の使用状況は、⑤製品は現在どのような状態にあるか、⑥そのような事故が発生した経緯はどのような流れだったのかといった項目だけでも事前に箇条書きにしておくなど、事前の備えをしたうえで、聞き取りを始めるようにしてください。事前の備えが、相手からの聞き漏らしや聞き逃しを防ぎますし、そうすることで、クレーム対応も解決に近づいていきます。

④ 話を聞いた後にその場で読み返すこと

相手からひととおり話を聞いた後、その場で自分が書いたメモを読み返すようにしてください。

よく起きがちなのが「聞き逃した5W1Hがあった」、「聞き逃した事実経緯があった」ということのほかにも、「喫茶店という話は聞いたが住所や店名や連絡先を聞いていなかった」、「相手の氏名を聞いていなかった」、「氏名を聞いたけれど音だけで漢字や正しい表記を確認しなかった」、「相手の住所や連絡先を聞いていなかった」、「FAXで送ってくれと言われたが相手から受け取った名刺にFAX番号が記載されていなかった」などといった聞き逃しです。聞き逃した固有名詞はないか、聞き逃した5W1Hはないか、不明な単語や漢字はないかなどを読み返して、不明点があればその場で相手に確認をして解消するようにしてください。時間が経ってから後日、相手に聞き返すと、ものすごく印象は悪くなりますが、その場で聞き返す分には、それほど印象は悪く受け取られません。むしろ「きちんと話を聞いてくれた」として良い印象を与えることのほうが多いものです。不明点についてはその場で確認することを心掛け

るようにしてください。

⑤ 日付や場所や同席者を記載すること

　メモをとる場合には、必ず、日付、開始時間、終了時間、場所、同席者を正確に記載しておくようにしてください。メモをとるのは相手の話の内容だけではありません。読み返したときに、いつ、どこで、誰が、どのような話合いを行ったのかを明確に記録化しておくことが必要です。クレームが話合いで解決できなかった場合には、裁判上の手続を行わなければならない場合も想定されます。そのような場合には、話合いの内容だけではなく、いつ、どこで、誰が、どのような内容の話合いを行ったのかがしっかりと記載されているメモ自体が有力な証拠になる場合があります。

⑥ 聞き取り終了後にメモを読み返して記憶と記録を整理すること

　相手の話をメモにとりながらひととおり聞いたら終わりではありません。相手の話を聞いた後にもまだやることがあります。相手の話をひととおり聞いた後に、今一度、相手の話を聞きながらとったメモを読み返すことです。メモの内容を確認することで記録を整理することができます。メモを確認しながら、記載漏れがあれば、記載を補っていく作業を行います。人間の記憶はどうしても時間の経過とともに薄らいでいきます。相手から話を聞いた後が最も記憶が鮮明に残っているときです。その状態を利用して、メモに記載を補っていくのです。相手の話を聞きながらメモをとっていると、相手が発する言葉を一言一句メモに残すことは不可能です。どうしても、記載が殴り書きのようになっていたり、そもそも記載漏れがあったり、後で読み返すとわからないかもしれないようなその場限りの略語を使用

して不十分な記載のままでメモに残してしまっている部分があると思います。メモを読み返しながら、そのような部分を補っていくのです。メモからさらに進めて、聞き取り後に、議事録を作成することもおすすめです。何より、メモの内容を確認することで、自分の記憶に残りますし、相手の話の内容を追っていくことで、聞き取りの場面では気づかなかった、相手の発言の本当の意味を理解することができる場合があります。また、相手の立場に立って読み直すことで、相手を理解することができる場合があります。さらに、裁判上の対応が必要になった場合に、意識的かつ正確に記録している資料は証拠として高い価値を認めてもらえる場合もあります。

⑦ 会話の録音も検討すること

記録化を行う具体的な方法としては、その場でメモをとるという方法のほかに、録音を行うという方法もあります。メモをとる以外にも相手の会話の内容を録音することも検討してください。クレーム対応に関する相談の際にこのような話をすると、「相手に断らないで録音してしまっても問題ありませんか？」と尋ねられることがあります。クレーム対応が裁判上の問題に発展した場合には、相手に無断で録音していた会話の内容の証拠力が問題になることがありますが、あくまで内部的な備忘にとどめるために録音すること自体は問題ありません。また、相手に尋ねて会話の内容を録音する際には「録音してもよろしいでしょうか？」とは聞かないことがポイントです。「状況を正確に把握したうえで適切な対応をさせていただくために当社のルールで録音させていただいております。さて……」と録音することが当然の前提のようにして話を進めていくようにしてください。また、クレーム対応を電話で行う場合に備えて録音が

できる電話機を置くことも検討してみてください。録音を行うことは、話合いのやりとりを正確に記録に残すということのほかにも、副次的に話合いの土俵を整えるという役割も果たします。たとえば、相手が話合いの中で感情的にエスカレートしてきて話合いが紛糾しそうなときに、電話の内容を録音していることを伝えることで、相手に「あまり手荒な言動はできないな……」と思わせる効果も期待できます。また、激昂している相手との会話の途中で、さりげなく「録音させていただいておりましたが……」というひとことを伝えることで、相手の気勢を抑えて穏やかな雰囲気を取り戻すことも期待できます。録音機がついている電話機を活用する以外にも、ICレコーダーを手元に置いて会話の内容を録音する方法もあるので、検討してください。

(4) 情報管理の具体的な方法③「記録の一元化」

情報管理を行うことが大切だとしても、問題は実際にどのような方法で行うかです。情報は適切に管理しておかなければ、情報としての価値がありません。

まず、クレームに関するメモや書類（相手から届いた手紙、企業や事業者で調査した聞き取りメモ、専門家の調査報告書、内部の打合せメモや内部会議での検討会の議事録、クレームのもととなった商品の写真など）など、クレームに関係する資料はすべて1冊のファイルに一元化して保管しておくようにしてください。

クレーム対応を進めるにあたり、解決までの過程では、多くの書類のやりとりが行われます。書類がない場合でも、面会や

［図2－1－3］ メモのとり方・記録の残し方

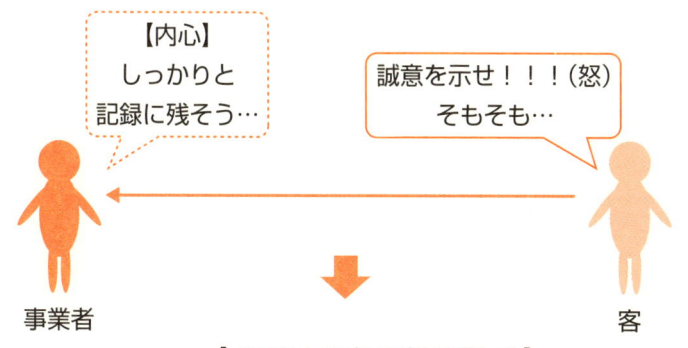

【内心】
しっかりと記録に残そう…

誠意を示せ！！！（怒）
そもそも…

事業者　　　　　　　　　　　　　　　客

【メモのとり方・記録の残し方】
① 時系列で話を聞く
② 主語と述語を明確にしながら話を聞く
③ 固有名詞も確認しながら話を聞く
④ 5W1Hを意識しながら話を聞く
⑤ ヒアリングメモを作成する
⑥ 記録のとり方を工夫する
⑦ 場合によっては録音を行う

電話による話合いなど、相手との間ではとにかく多くの情報のやりとりが行われます。このような書類や情報は、時間の経過に沿ってどんどんと増えて蓄積されていきます。そして、これらの情報をすべて1冊のファイルに一元化していくのです。

最初は1冊のファイルからスタートしますが、時間の経過とともに情報が記載されている資料はどんどん増えていきますので、1冊のファイルでは足りなくなってきます。その場合には、2冊目、3冊目とファイルを増やしていきます。その結果ファ

イルが複数冊になる場合もありますが、ファイルは同じ場所に保管しておいてください。大切なのはファイルの数ではなく、将来の証拠になり得る関係する書類のすべてを1カ所にまとめておくことです。

　資料は作成するだけでは意味がありません。作成した資料に掲載されている情報を、適時適切に、その意味を読み解き、使用したり、活用したりできなければ意味がないのです。そして、取得した情報を適切なタイミングで効果的に活用するためには、情報を整理しておいて、いざというときにさっと資料が取り出せるような状態にしておくことが大切なのです。

(5) 情報管理の具体的な方法④「資料の保管は紙データで」

　今の時代に逆行しているようですが、クレーム対応の場面での記録の保管は紙データで行うことがおすすめです。

　クレーム対応の過程で相手に対して急に仮処分を行わなければならないなど緊急の裁判上の対応を行う必要が生じた場合には、裁判所に対して紙で証拠を提出しなければなりません。その際に、プリントアウトしたり、音声を翻訳したりしているうちに、数日が過ぎてしまうことがあります。クレーム対応の過程では、そのような時間的な暇がない場合もあるのです。

　これに対して、日頃から紙媒体で記録化しておけば、それをコピーするなどして速やかに証拠を揃えることが可能になります。いざ訴訟手続を活用しなければならない場合に、可及的速

[図2－1－4] 情報の一元化

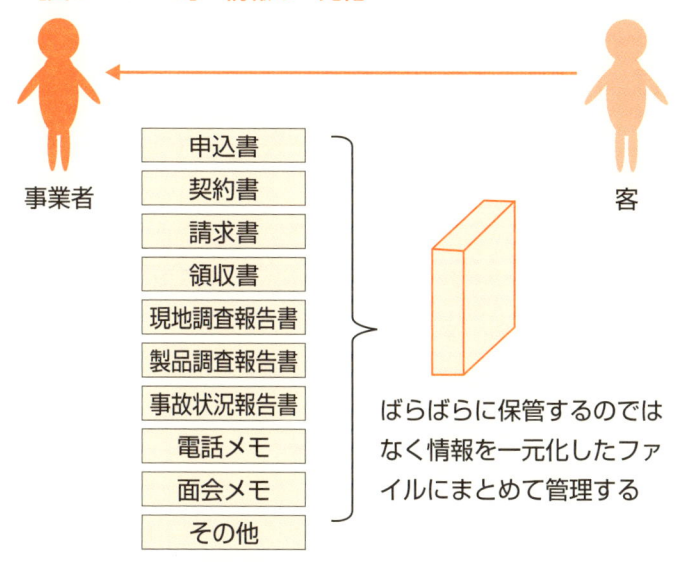

事業者 ← 客

- 申込書
- 契約書
- 請求書
- 領収書
- 現地調査報告書
- 製品調査報告書
- 事故状況報告書
- 電話メモ
- 面会メモ
- その他

ばらばらに保管するのではなく情報を一元化したファイルにまとめて管理する

やかに訴訟手続の準備を進めることができるように、日頃から紙媒体で記録化することを心掛けてください。

　もちろん、大企業で記録の保管はデータとして行っており、簡単に検索でき、かつ、人材も豊富にいて緊急の場合であっても、すぐに対応できるという企業であれば、あえて場所をとる紙データで保管する必要はありません。ただ、多くの中小企業や個人事業者はなかなかそのような状況にはないのではないかと思いますので、紙データで保管しておいたほうがよいと思います。

[図２－１－５] 資料の保存は紙データで

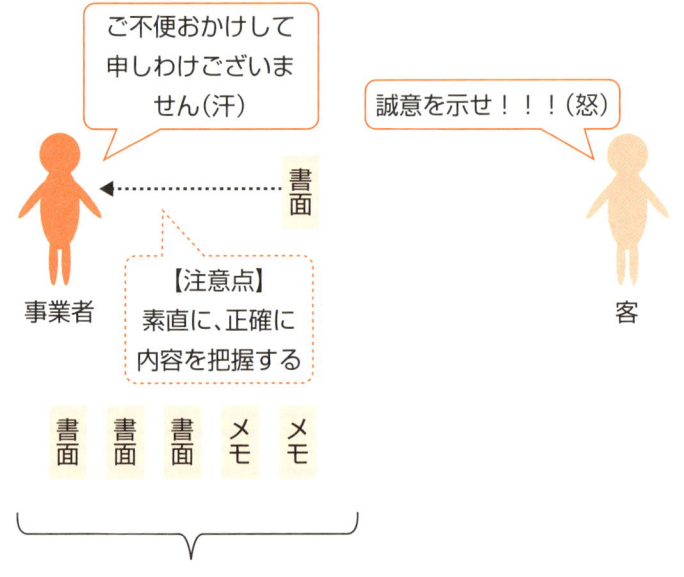

- 事業者「ご不便おかけして申しわけございません（汗）」
- 客「誠意を示せ！！！（怒）」
- 書面
- 【注意点】素直に、正確に内容を把握する
- 書面 書面 書面 メモ メモ
- 紙データで保存する

(6) 情報管理の具体的な方法⑤「ファイルの作成も紙ファイル」

　紙データで情報を一元管理するとして、大切なのはファイリングの方法です。管理した情報を適切に活用するためには、ファイリングを適切に行うことが不可欠です。そして、ファイリングを適切に行うことの効果は以下のとおりです。

① 参照する時の迅速性

　近頃はパソコンも起動が早くなってきていますが、やはりスピードという点では、整然と整理されている紙ファイルには劣ります。紙ファイルでは起動の手間がかかりませんし、インデ

ックスを貼っておけば、検索も容易にできます。クレーム対応の相手から電話が入った時に、相手を待たせることなく、これまでのやりとりや事実経緯をすぐに確認することができるのです。たとえば、企業や事業者の苦情相談窓口の担当者は、常時かなりの数のクレーム対応案件を同時並行で担当しています。企業や事業者からみれば数あるクレーム対応案件のうちの１件にすぎなくても、相手からすると１件だけの場合のほうが多いのです。企業や事業者はファイルを確認しなければどの案件のことかわからないような状態であっても、相手は１件だけなのですべてのやりとりが頭の中に入っています。企業や事業者がこれまでの案件の内容や従前の経緯を確認するために時間を要してしまうと、企業や事業者が複数のうちの１件という姿勢で対応しているかのような疑念を相手に与えてしまいかねません。そのため、案件の内容やこれまでの経緯を確認するためによけいな時間をとるべきではありません。可及的速やかに確認できるように、ファイルを手元に用意しながら対応を進めていくことが必要です。

② **ファイリングの容易さ**

　紙ファイルの場合には、ファイリングする用紙の形式を問いません。企業や事業者から発送した資料や相手から届いた資料を、次々に追加してファイリングしていくことが可能です。紙の大きさがばらばらにならないよう、サイズはA4判として、A4判サイズより小さい用紙はA4判にコピーしたり、A4判の台紙に貼り付けたりしていきます。A4判サイズより大きい用紙の場合には、A4判サイズに折り畳んだり、A4判サイズに縮小コピーをしたりして整理していきます。すべて穴をあけて決められた場所にどんどん集約していきます。１カ所に集めて

おかなければ資料が散乱したり、重要な資料が散逸したりしてしまう場合があります。すべての資料を1冊のファイルに集約して、保管し、情報を一元化していくことが有益なのです。

③ 引き継ぎや交代に備える

クレーム対応は長期戦になる場合があります。長期戦になった場合、実際にこれまでクレーム対応の窓口として対応を進めてきた担当者が転勤や退職や部署移動などで交代になってしまう場合があります。担当者が転勤などで交代になった場合には適切に情報の引継ぎを行うことが重要です。かりに情報の引継ぎがしっかりと行われないまま、新しい担当者がずさんな対応を進めてしまうと、そのこと自体が2次クレーム・3次クレームに発展していくことになりかねません。相手からすれば、企業や事業者を相手にしているので、担当者が交代になったとしても、当然のことながら従前の対応が引き継がれていることを求めてきます。相手の中ではそれが当然の前提になっているのです。そのような中で、新しい担当者が従前のやりとりの引継ぎをしっかりと受けていないことが相手に伝わってしまうと、そのこと自体が2次クレーム・3次クレームを誘発していくことになります。そのような事態が生じることを防ぐためにも、適切な記録化を行うことが大切です。クレーム対応には「一貫性」が要求されます。したがって、かりに担当者が転勤や退職になった場合でも、企業や事業者はこれまでのクレーム対応のやり方を引き継ぎながら、「一貫性」をもった対応を続けるためにも、情報の一元管理が大切なのです。

④ 裁判上の手続への備え

クレーム対応がこじれた場合の最終局面は裁判上の手続です。裁判では証拠が判断の決め手になります。そして裁判所に証拠

を提出する際には書類として提出する必要があります。すでに説明しましたが、裁判上の手続の中には仮処分の申請といった時間的に余裕がない状態で申立ての準備をしなければならない場合があります。日頃から紙資料で整理しておけば、準備をスムースに行うことができます。ファイリングの仕方はさまざまですが、クレームの相手ごとに1冊のリングファイルを用意して、取得した情報をどんどんその1冊に集約していきます。企業や事業者と相手とのやりとりもすべて1冊のファイルに情報を一元化して管理していきます。おすすめの方法は時間の流れに沿って揃えていくというものです。①当事者関係、②契約書関係、③事実関係、④調査資料のラベルを貼って整理していきます。もし足りない資料があれば、平常時から相手に要求して取得しておくという視点も大切です。そして、資料はつねに最新の情報にアップデートしておいてください。いざという時にすぐに取り出せるように資料を整理しておかなければ、資料を揃えておく意味はありません。普段から整理しておいて、必要な時に、すぐにしっかりと資料を揃えることができて初めて資料が資料としての価値をもつのです。

⑤ 面談の時のPR

　理路整然と記録が整理されていて、それが相手の目にとまれば、相手に「きちんと考えて対応してくれている」という印象を与えることができます。「何だそんなことが理由なの？」と思われる方もいるかもしれませんが、クレーム対応は心理戦です。怒り心頭に発していたり、多くの不平不満を抱えたりしている相手の気持を、さまざまな手法を用いて鎮静化していくことがクレーム対応の解決に向けて有益です。相手の抱いている不安感や不信感を払しょくするためにも、相手の目に映ったと

きに、企業や事業者の姿勢がどのように映るかを意識しながら、個別の面談や対応を進めていく必要があります。

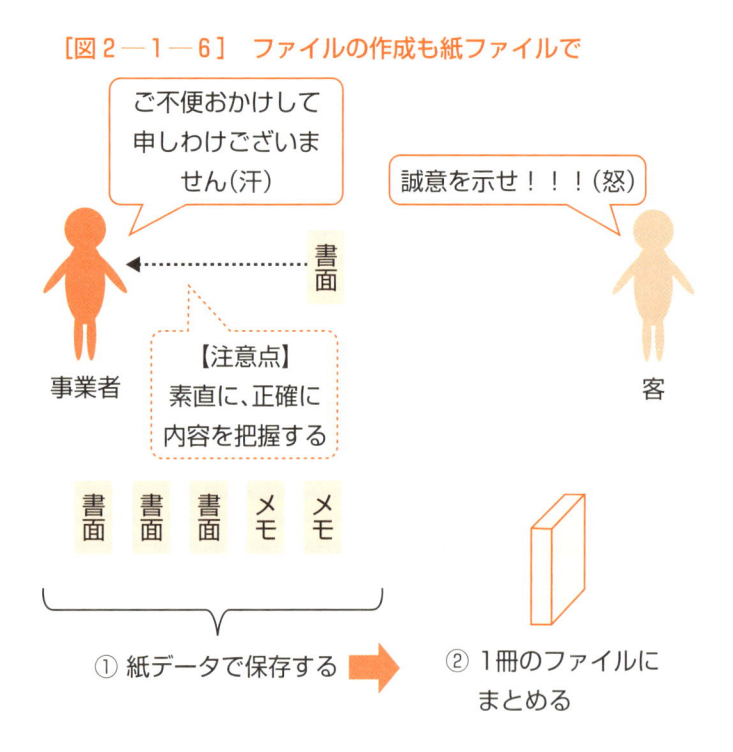

[図2―1―6] ファイルの作成も紙ファイルで

ご不便おかけして申しわけございません(汗)

誠意を示せ！！！(怒)

書面

事業者　　　　　　　　　　　　　　　　　客

【注意点】
素直に、正確に内容を把握する

書面　書面　書面　メモ　メモ

① 紙データで保存する　➡　② 1冊のファイルにまとめる

(7) 情報管理の具体的な方法⑦「電子メール」

　そもそも、クレーム対応の場面で電子メールを使用することはできる限り避けたほうが望ましいと考えています。可能な限り、電話や訪問や面談につなげるように対応を工夫したほうが望ましいと思います。

電子メールでのクレーム対応は頻度や回数が頻繁になりがちです。また、電子メールを送った側は相手がいつも電子メールをみているような錯覚に陥ってしまいがちです。そのため、電子メールのクレームに対する反応が遅いとそれ自体がクレームに発展する可能性があります。そのような事態を避けようと、企業や事業者は、四六時中、電子メールをチェックしていなければならないような事態を強いられることになります。しかし、そのような対応は限界がありますし、貫徹することは不可能です。ですからクレーム対応の場面で電子メールでのやりとりを行うのは簡単な事務連絡程度にとどめ、クレーム対応に関する具体的な話合いは行わないようにすることが望ましいのです。

　一方で、クレーム対応の相手が電子メールでのやりとりを希望してくる場合があります。そのような状況で、電子メール以外の方法で相手とのクレーム対応を進めるためには、たとえば、「電子メールでのやりとりは行っておりませんので、こちらから一度お電話させていただきたいと思います」とか「一度面談のうえ、お話をおうかがいしたいと思いますが……」などとして電子メールでのやりとりは行わない方向に話を進めていくようにしてください。いずれにしても最初の段階で電子メールでの話合いをしておいて、後からそれを変更するのは容易ではありませんので、最初の段階で「電子メールでは話合いを行っていない」という態度を明確に示し、それを伝える必要があるのです。

　それでも電子メールで相手とやりとりを行わなければならない場合には、以下の点に配慮していただく必要があります。

たとえば、電子メールで送信する文章の内容は簡潔な事務連絡程度を意識してください。また、クレームの相手から送られてきた電子メールに返信する形にしてください。さらに、機種依存文字を使わずに、「テキスト形式」で送信するようにしてください。機種依存文字を使用すると相手が受信した場合に電子メールの内容が文字化けしてしまっていることがあるからです。また、電子メールの容量にも配慮が必要です。話合いの過程で資料を添付する場合には事前に容量を確認することも必要です。くれぐれも重い容量の電子メールを一方的に送りつけないように注意してください。相手の電子メールの使用環境によっては重たい容量の電子メールを送付されると通常の電子メールの受信の妨げになり、相手に迷惑をかける可能性があります。これら1つひとつのことが相手にとって不愉快な事態を招き、それが2次クレーム・3次クレームに発展していく可能性があるのです。

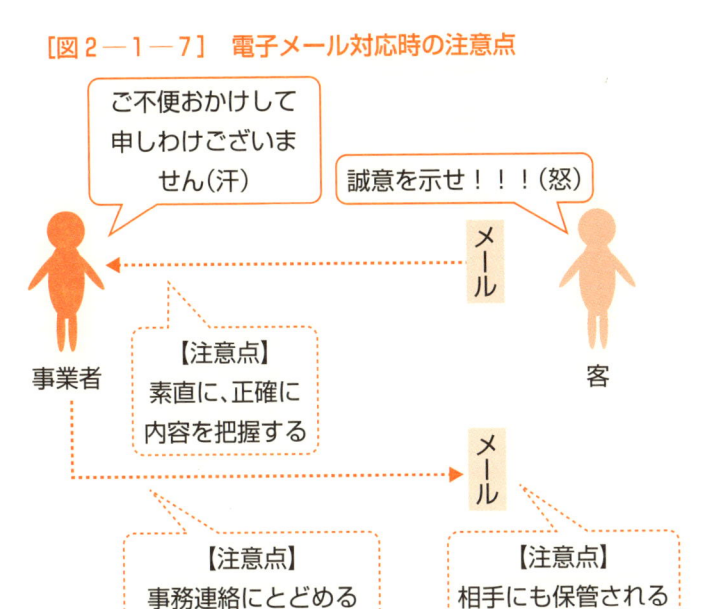

[図2−1−7] 電子メール対応時の注意点

ご不便おかけして申しわけございません(汗)

誠意を示せ！！！(怒)

メール

事業者　　　客

【注意点】
素直に、正確に内容を把握する

メール

【注意点】
事務連絡にとどめる
簡潔な内容にとどめる

【注意点】
相手にも保管されることを忘れない

2. 情報管理② (案件「外」情報管理)

(1) 情報は拡散していく

　現在はインターネットを通じて情報発信が容易になっています。誰でも気軽に不特定多数に対して情報発信を行うことができる状況が生まれています。そのような状況の中で注意しなければならないのは、悪い噂のほうが情報の拡散と伝達スピードが速いということです。クレーマーへの対応のまずさは、あっという間に人の噂となって拡散されていきます。そして、人の噂が時に事業や企業の存続すら危うくしてしまうのです。ですので、クレーム対応にあたる側は、クレーム対応に関する状況や情報がインターネットを通じて拡散していく可能性があることを視野に入れて対応を進めていくことが重要です。すでに説明しましたが(第1章「3．クレーム対応の誤解③（クレームは目の前の1件だけ？）」参照)、つねに、クレームは目の前の1件だけではなく、無限に拡散されていく可能性があることを視野に入れて対応を進めていくことが必要です。

　相手と書面でやりとりする場合には、企業や事業者から送付した書面が相手の手元に保管されることになるので、そのことを念頭においた書面を用意する必要があります。すでに述べたことですが、電子メールでのやりとりは可能な限り避けるようにしてください。電子メールは転送が容易なため、こちらの了解なく不特定多数に転送されていく可能性があるからです。また、電子メールは簡単に文書を作成して、簡単に送信できてし

まいます。ですが、文書の内容によっては相手に誤解を与えたりすることがあります。ちょっとしたニュアンスの違いがクレームの相手に誤解を与えることになり、相手の悪感情を増幅させてしまう可能性があるので非常に怖いのです。電子メールでのやりとりは、事務的な連絡にとどめるようにすることが望ましいと考えています。

(2) クレーム対応に関する情報が流れたら？

　クレーム対応に関する情報が外部に流れたらどのように対応すればよいでしょうか。過去に、ある会社（「A社」とします）の担当者から「インターネット上で、クレーマーが『A社被害者の会』というブログを掲載して、勝手に、当社のクレーム対応の状況を報告したりしているのです！　これを何とかすることはできないのでしょうか……このブログをみた人から『そちらの会社は本当に大丈夫なのですか？』と尋ねられたり、取引先や銀行からも、そのような指摘を受けたりするようになってしまって困っているのです」という相談を受けたことがありました。

　このケースの場合には、「A社　被害者の会」のブログの内容がエスカレートしたものでしたので、A社に対する名誉毀損や営業妨害といった違法行為が行われていると評価できる事例でした。そこで、相手に内容証明郵便で警告書を送って、このブログによるA社に対する悪意をもった情報の流布をやめてもらったうえで、過去の虚偽情報も削除してもらい、話合いを進めることでクレーム自体も無事に解決に至ることができました。

ただ、クレーマーも日々勉強しているので、いつもこのケースのように行き過ぎた違法行為を行うわけではありませんし、いったん、そのようなネガティブ情報が出てしまい、それによって他の消費者が抱いてしまった悪印象を払しょくすることは容易ではありません。そのため、そういった事態が生じる前に解決に向けての方法を検討しておくことが大切です。

(3) **クレーム情報の拡散を防ぐために**

　クレームを主張している相手が企業や事業者の悪情報を拡散する可能性がありそうな場合や、相手がクレーム対応に関する情報を積極的に拡散していることを知った場合には、早期に弁護士に対応を依頼したうえで、警告書の送付等の対策を講じていくことも検討しなければなりません。

　注意しなければならないのは、悪質な相手の場合には、弁護士名義での警告書が届いたという事実を悪用して、さらに企業や事業者が悪者であるとか、弱い者いじめをしているといったマイナスイメージの拡散を行うおそれがあるということです。そのため、相手に対して警告書を送付するにしても、警告書の名義人（会社や事業者名義か弁護士名義か）、警告書のタイトル、警告書の送付内容、送付時期、警告書の形式（電子メール、FAX、書留、内容証明郵便）などは1つひとつ慎重に検討したうえで決定する必要があります。

　相手に警告書を送付する目的は、相手に対するけん制です。経験上、けん制が功を奏する場合も多いと思いますが、かえって逆効果になる場合もあるので、具体的な状況においては、弁

護士に相談しながら、状況に適した最善の判断を行いながら進めていく必要があります。

　また、警告書を送付することで、相手の悪感情を増幅してしまい事態の収束が難しそうな場合には、裁判所に対する仮処分の申立てを検討する必要があります。けん制したのはいいけれど、その後逆効果になって、かえってインターネット上の情報の流布が拡大してしまった。それを止めるための準備もできていないので、そこから準備をしなければならない……という事態は最悪のシナリオですので、相手の対応を想定して事前に対策を講じながら個々の対応を進めていくことが必要です。

⑷　情報のコントロールを意識すること

　ネガティブ情報を拡散される前に、企業や事業者からホームページ等を通じた情報提供を行い、正確な状況や情報を開示していくという方法も検討が必要です。たとえば、自社のホームページ上に「○○○○に関する件」といった題名とともに、クレームの原因となった事実が発生した経緯や今後の対応、クレームの原因となった商品を購入したりサービスの提供を受けたりしている顧客の不安を解消する内容を戦略的に公表します。

　そして、開示を行う際には、正確な情報を記載するようにしてください。開示する情報に客観的な事実と異なる内容が含まれていると、積極的な情報開示が仇になる場合があるので、情報の正確性は慎重に判断する必要があります。

　たとえば、クレームの原因に関する調査が終わっていない段

階でも、「○○○○については全く問題ございませんので、ご安心ください」というところまで踏み込んだ記載をしたい気持は理解できます。しかし、まだ調査が終わっていない段階では「このたびは、○○○○の件についてお騒がせをしてしまい、また不安な思いをさせてしまい申しわけございません。このたびの○○○○の原因については現在調査中であり、調査結果が判明次第また正確な情報をお伝えさせていただきます」といった程度の記載にとどめ、その時点で判明している正確な事実や情報に基づく記載のみに限定して開示するといった姿勢が重要です。

それ以外にも、クレームに関する情報を取得したマスコミが騒ぎ出した場合や、業界団体が騒ぎ出した場合などには、企業や事業者の側で積極的に記者会見を行ったり、マスコミ用のプレスリリース文を配布したりして情報提供を行うなど、積極的な情報開示を行うことも検討する必要があります。

具体的に、いつ、どのような情報を、どのような方法で開示するかを自社だけで判断することは困難です。どうしても主観的な判断に偏り、客観的な視点での判断ができなくなってしまいがちだからです。そのため、広報法務に関する経験や、広報法務に関するノウハウが豊富な弁護士に相談をしたうえで対応を進めることが必要です。東京や大阪などの大都市では、広報法務に関する経験やノウハウが豊富な弁護士もみつけやすいと思いますが、地方都市ではそのような弁護士をみつけるのも容易ではないかもしれません。その場合には、各地の弁護士会を通じて紹介してもらったり、自社に顧問弁護士や顧問税理士が

いる場合には顧問弁護士や顧問税理士を通じて紹介してもらうといった方法を検討してください。

[図2−2] 情報のコントロールを意識する

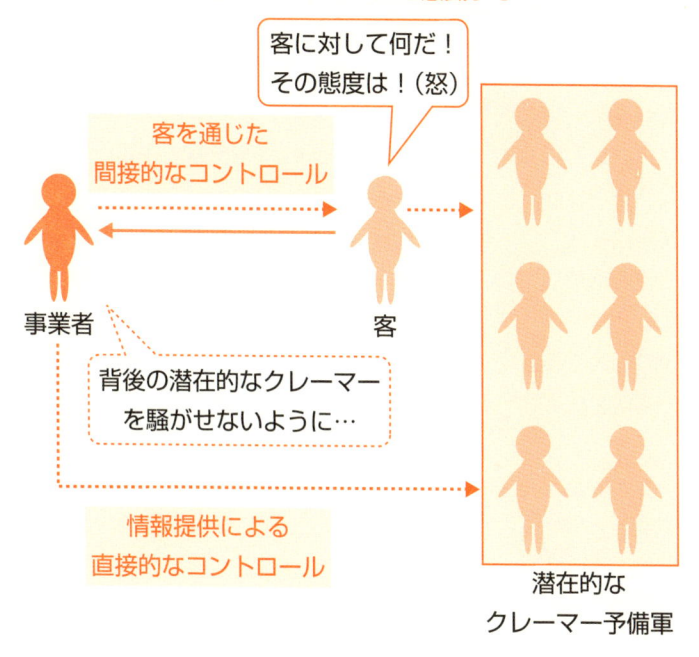

客に対して何だ！
その態度は！（怒）

客を通じた
間接的なコントロール

事業者　　　　　　　　　客

背後の潜在的なクレーマー
を騒がせないように…

情報提供による
直接的なコントロール

潜在的な
クレーマー予備軍

3. 受付①（聞き取り）

(1) 聞き取りの際の注意点

　クレーム対応は、①受付、②調査と確認、③対応策の検討、④対応といった過程で進んでいきます。最初の①受付の段階で、クレーム対応の相手の主張する事実経緯や主張内容を正確に把握することができるか否かで、その後のクレーム対応の具体的な内容が変わっていきます。クレーム対応は、相手の言い分を正確に理解しつつ、相手の満足できる到達点を探りながら、そこに向けて企業や事業者の歩み寄れる余地を探していくためのプロセスです。相手の気持や心情を理解しながら可能な限りその満足をめざしていくのです。

　そのためには虚心坦懐に相手の話に耳を傾けて、相手の心情を探っていくことが必要になります。とにかく相手の話を聞くことが基本です。相手の話を聞かなければ、相手が何を不満に思っているのかといったこともわかりません。相手の話を聞かなければ、相手の気持を理解することはできません。あくまで「聞き取り」に徹することがポイントです。そして、聞き取りの際の注意点は以下のとおりです。

① 陳謝の気持を伝えて相手の感情を鎮静化する

　クレームを主張してくる相手は、不平・不満・不安・不信・怒りの感情に包まれています。突然、店頭や事業所に現れて、大きな声で怒鳴り立てるような相手もいます。そのような相手に対しては、企業や事業者も身がまえてしまって、感情的な対

立を生じさせてしまいがちですが、そのような対応は避けなければなりません。もちろん、相手の話を聞いた後で、企業や事業者に責任がないことが明確になる場合もあるかもしれませんが、受付の段階では責任の所在が明確ではありません。実際に、相手が感情を害していることは事実なのですから、相手に共感する言葉を伝えることが大切です。ですので、まずは、予定を割いて時間をつくって足を運んでくれたことへのお礼を述べるようにしてください。

そして、次に、迷惑をかけたことに対する陳謝の言葉で相手の感情を落ち着かせるようにしてください。目の前の相手に対して、迷惑をかけたこと、不愉快な思いをさせてしまったことへの謝罪を行ってください。「こちらの事情を理解してくれた」、「誠意が伝わってきた」、「(迷惑をかけたことに対する) 謝罪の言葉があった」、「熱心に話を聞いてくれた」、「丁寧な言葉づかいだった」といったことは相手の満足度をあげるために必要な要因です。最初にこちらから「ご迷惑をおかけして申しわけございません」、「ご不便をおかけして申しわけございません」などという言葉を伝えることだけで、目の前のクレームを解決できる場合もあるのです。

このように、クレーム対応の初期対応の場面では最初のコンタクトが大切です。最初のひとことが大切なのです。最初のひとことを間違ってしまうと、クレーム対応は紛糾します。事態の収束はとうてい覚束なくなってしまいます。

そして、大事なのは言葉だけではありません。相手と面会す

る時の表情や服装にも気を配るようにしてください。相手からクレーム対応の担当者の「目つきが気に入らない」、「態度が気に入らない」、「髪型が気に入らない」、「だらしない服装が気に入らない」、「相槌が気に入らない」といったこともよく耳にする言葉です。ファーストコンタクトが重要であると心得て、相手に悪印象を与えないようにする姿勢が重要です。

　なかには、ファーストコンタクトでは、物静かなクレーマーもいます。最初は物静かなのです。ですが、声の調子だけで判断しないようにしてください。怒りや不満の表現の仕方は人それぞれです。一見すると、物静かで穏やかそうにみえる人が、内心では怒り心頭に発しているということもあるのです。ですので、相手の表情、声の調子だけではなく、相手の説明内容を慎重に観察しながら、対応を検討していく必要があります。

　そして、最初の段階で相手に謝罪の言葉を伝える際に注意すべきなのは、謝罪の対象を明確にすることです。すなわち、この段階で行うべき謝罪の対象は、クレーム発生のもととなった商品やサービスの原因ではなく、相手に迷惑をかけ、不愉快な思いをさせてしまったことに対してです。少なくとも、目の前の相手は商品やサービスの内容に不満や不安や不信の感情を抱いています。そのような相手に対して、こちらから、謝罪を行い、そして相手に対する共感を示すことで、相手との間で誤解やわだかまりが解けて、相手が溜飲を下げることも期待できなくはありません。ですから、心を込めて誠意をもって謝罪を行うようにしてください。

②　ただただ素直にとにかく相手の話をよく聞くこと

　聞き取りの基本は相手の話をよく聞くことです。もちろん相手の認識している事実や相手の主張したい事柄を丁寧に聞き取っていかなければならないことは当たり前のことです。しかし、相手の認識している事実や相手の主張したい事柄以外にも、相手の話を聞くことで相手の「ガス抜き」を行うことも大切なことです。私自身もクレーム対応の依頼を受けて、相手の話をただ丹念に聞いているだけで、「いやあ、よく話を聞いてくれて有難う。話を聞いてくれてすっきりしたから、もういいや」と言われたことを何度か経験しています。話をよく聞くことはクレーム対応を迅速に解決に導くための王道なのです。

③　相手の話の腰を折らないこと

　相手の話を聞く場面で注意していただきたいことがあります。それは、とにかく話を聞くことに徹し、途中で相手の話を遮らないようにすることです。また、相手の話を聞きながら、相槌を打つタイミングや、相槌を打つときの言葉の選び方についての配慮も大切です。とにかく聞き役に徹して、相手の思いの丈を吐き出してもらうように努めることが大切です。クレームを主張する相手も最初は感情的になっていたり、混乱していたりして気持や考えをしっかりと伝えることができない場合も多いとは思いますが、それでも、とにかく相手の話を聞き続けてください。相手の話の中に間違いがあっても間違いを指摘することなく、とにかく相手の話を聞き続けることに徹していただきたいと思います。

④　個人的な見解を述べるのは慎むこと

　クレームを主張している相手からの聞き取りの際に、個人的な意見を述べることは避けてください。個人事業者や、企業な

どの組織であっても最終決定権者が対応にあたっている場合にはまた異なるかもしれませんが、こちらで話を聞いているのが一担当者にすぎない場合には、あくまで、相手が欲しているのは担当者の個人的な見解ではありません。企業や事業者としての回答を欲しているのです。また、安易に個人的な見解を述べてしまうと相手に誤解のきっかけを与えることになりかねません。担当者が述べた個人的な見解が組織としての公式な回答であるかのように受け取られてしまう場合があるので、注意が必要です。

⑤ **相手と議論をしないこと**

相手と議論したり、相手に反論したりしないことも大切です。なかには、その場で相手に対して反論したり、相手の意見や見解に対して言い返したりしたい場合もあると思います。ただ、相手から聞き取りを行う目的は、今後の対応を検討する前提として「相手の認識する事実経緯と相手の主張の内容を正確に理解すること」です。相手と議論したり、相手に反論したりしてしまうと、話の焦点がずれてしまって、相手の認識する事実経緯や相手の主張する内容を正確に理解することができなくなってしまいます。この段階では、限られた時間の中で、相手の話の内容を正確に聞き取ることこそが重要なので、とにかく相手の認識する事実経緯と相手の主張の内容を理解することに専念する必要があるのです。

⑥ **むやみに内部資料を開示しないこと**

聞き取りの途中で相手から特定の資料の開示を要求されることがあります。実際に相手の要求する資料が手元にあるかもしれませんが、そのような場合であっても、内部資料をむやみやたらに開示しないことが大切です。相手から聞き取りを行う目

的は、相手の認識する事実経緯や相手の主張する内容を正確に理解することです。そのためには、相手にとにかく多くを語ってもらって、相手の認識や心情を１つでも多く引き出すことに専念する必要があります。内部資料の開示については、一度、資料が相手の手元に渡ってしまうと、その内容が一人歩きしてしまう可能性がありますし、どの資料を、どれだけ開示するかについては、今後のクレーム対応の方向性とも関連するので、慎重に判断する必要がある事柄です。ですので、聞き取りの段階では、内部資料をむやみに開示しないように心掛けることが大切なのです。どうしても相手が資料の開示に固執して、資料を開示しない限り話が先に進まないような場合には、「資料の開示については社内でも検討したうえで対応を決定させていただきますので、まずは、お話をお聞かせください」などと回答しながら、相手からの聞き取りを先に進めるようにしてください。

⑦ 責任者がいない限りその場での即断・即答は避けること

相手の話の内容から相手の主張する事実経緯や相手の意向を即断することは避けてください。クレーム対応は相手とのやりとりを通じて、相手の真意を探るためのプロセスです。特に以前同じようなクレームに接した経験がある人ほど「あ！ また、この話か！」、「この話なら、このように対応すればいいな」といった態度で、相手の話から即断して、自らの経験に引き寄せて対応を進めてしまいがちです。ですが、このような姿勢が大きな落とし穴につながる可能性があります。クレームを主張する人の個性はさまざまです。クレームを主張する人が100人いれば、100通りの解決があってしかるべきです。もちろん、同じ商品や、同じサービスに関するクレームであれば、クレーム

の原因などは似通っていることはあると思います。でも、クレーム対応にあたる側は「クレームを主張する人が100人いれば100通りのクレーム解決の方法がある」という姿勢で、相手の望む解決方法を即断することなく、推認しながら、また、クレームのもとになっている原因や事実経緯を確認しながら、慎重に対応を進めていかなければなりません。

⑧　可能な限り相手の要望を聞き出すように努めること

　とにかく相手の話を聞きながら、相手の主張する事実経緯や、相手の認識しているクレームの原因を正確に把握するように努めることが第一ですが、それと並行して、可能であれば、できる限り相手の要望を聞き出すようにすることを忘れないでください。相手が望むのが、返品や交換なのか、金銭の賠償なのか、謝罪なのか、さまざまな場合がありますが、それが何であるのかを確認することです。相手が「とにかくそっちで考えて、誠意をみせろ！」などと抽象的な言葉でしか意向を主張しない場合もあると思いますが、その場合でも、相手の言動から、ある程度の推認を行うところまではできるかもしれません。相手の要望を聞けば解決が近づきます。相手が要望を主張しない場合には、たとえば、「お客様のご要望は○○ということでよろしいでしょうか」などと言いつつ、相手の要望を聞き出すような工夫も検討に値します。また、もし相手が具体的な要望を主張した場合には、もう一度、最後に、相手の要望を確認するようにしてください。相手の望む解決策は、今後のクレーム対応の方向性を決定するうえでも大切な考慮要素になるので、その点にずれがないように確認しておく必要があるのです。もっとも、相手の要望は時間の経過とともに変わっていく可能性があるので、注意が必要です。

[図2－3－1］ 聞き取りの際の注意点

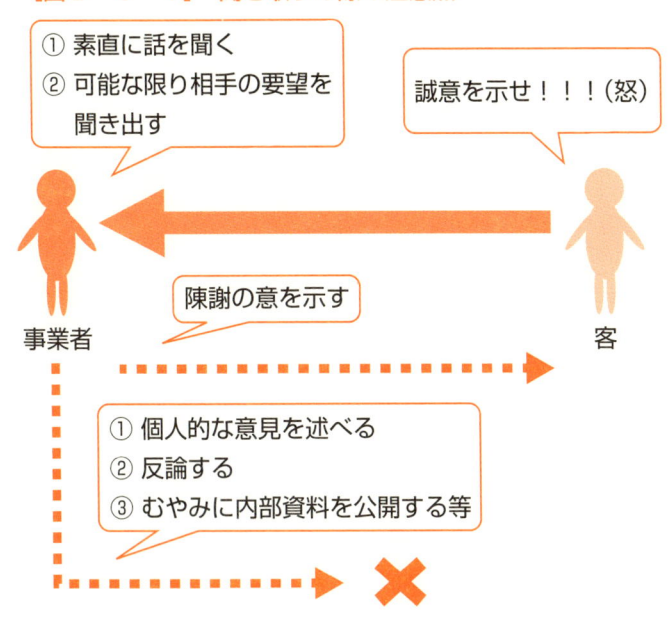

- 事業者側（○）
  - ① 素直に話を聞く
  - ② 可能な限り相手の要望を聞き出す
  - 陳謝の意を示す

- 客側
  - 誠意を示せ！！！（怒）

- ×（してはいけないこと）
  - ① 個人的な意見を述べる
  - ② 反論する
  - ③ むやみに内部資料を公開する等

(2) 聞き取りを「面会」で行う場合の注意点

　相手から話を聞き取る際の方法としては面会と電話があります。電話で相手の話を聞く場合の注意点については下記(3)で説明しますので、まずは、聞き取りを面会対応で行う場合の注意点について説明します。

① あくまで通常のビジネス・取引を行う場合の対応を

　クレームを主張している相手と面会をする場合、どうしても身がまえて面会を進めてしまいがちです。ですが、そのような姿勢でクレーム対応を行っても良い方向の解決にたどり着くことはできません。誤解している方も多いところですが、クレー

ム対応の現場では、感情的になっている目の前の相手に対しても、あくまで通常のビジネス、取引上の対応を粛々と行うことが基本姿勢です。確かに、クレーム対応の現場では、相手は企業や事業者に不信や不満といった悪感情を抱いていることがほとんどですが、それでも企業や事業者としては、通常のビジネスや取引を行う際と同様の姿勢で、対応を進めていくことが必要です。

② 相手に与える印象を考えること

面会の場合には、直接相手と接することになるので、担当者の全人格が試される場面です。全人格というと、大げさな表現に聞こえてしまうかもしれませんが、大切なことはビジネスマンとしてあたり前のことをあたり前に行うということです。声・表情・服装・態度・会話の内容などに配慮しながら、相手に失礼がないように淡々と話を進めていくことです。あたり前のことですが、腕組みをしたり、足を組んだり、テーブルに肘をつきながら話を聞くのは論外です。メモもとらずに話を聞くのも論外です。また、相手の目を見すぎないことや、あごをあげすぎないことも大切です。服装や髪形も清潔感のあるものを選ぶように心掛けてください。細かいことのようですが、そのような姿勢が大切です。あまり細かいことばかりに気をとられてしまうと、肝心な部分がおろそかになってしまう可能性もありますが、過度に気を配りすぎる必要はありません。普段どおりの姿勢で普段どおりの対応を心掛けるようにしてください。

③ 面会の基本は2名以上で対応する

面会の基本は2名以上で対応することです。どうしても担当者を割くことができない場合以外、必ず2名以上で対応するようにしてください。2名で対応すれば、1名が話を聞いている

時に、1名は話に集中して、同席しているもう1名が記録をとることに集中することが可能になります。また、相手と2名だけで話合いを進めてしまうと、後に相手から「あの時、そんな話合いは行われなかった！」、「そんな内容の発言はしていない！」などと言われたときに、その時の話合いの状況や内容を立証することができません。ですが、話合いを行う担当者以外の者が同席していれば、同席しているもう1名がその時の話合いの状況や内容を立証することが可能になります。もう1名を同席させることで、相手との話合いが紛糾して、万が一、クレームが裁判上の紛争になったときの証人を確保しておくことができるのです。また、相手と話をしている担当者が議論になったり、感情的な対立が生じた際にも、同席しているもう1名が話合いに介入することで、相手との議論を避けたり、感情的な対立を回避したりすることも可能になります。そのような観点から、クレーム相手との面会の際には可能な限り2名以上で対応にあたることが望ましいのです。なお、別の項でも説明しますが、この時の話合いには決定権者を同席させないことが大切です。決定権者を同席させてしまうと、その場で結論を迫られることになってしまうからです。

④ 話合いを行う場所には十分に配慮すること

クレーム対応の基本はあくまで通常のビジネスや通常の取引を行う場合と同様の対応を心掛けることですが、話合いを行う場所については別段の配慮が必要です。クレームを主張する相手の中には怒りをあらわにして感情的に怒鳴りつけてくる相手も多いものです。そのような対応が予測される相手の場合には、あらかじめ別室を用意しておいて、別室で話を聞くことも検討する必要があります。店頭や他の顧客がいるような場所で話を

聞くと、対応している側も相手の話に集中できないことも多いと思いますし、無関係な他の顧客に対しても悪い印象を与えてしまう可能性もあるからです。また、最初は冷静に話を進めていても、自分の事実認識や自分の見解を語っているうちに、徐々に企業や事業者に対する悪感情が高ぶってきて、感情的になり声を荒げて話をする相手もいるものです。最初は店頭で普通に話を聞いていて、途中から別室に移動するのは容易ではありませんから、話合いを行う初期の段階で予測して準備を行うことが大切です。

⑤ 弁護士の存在をちらつかせることを検討すべき場合も

　クレーム対応の相手の中には、どう考えても企業や事業者に非がないのにもかかわらず、法的にみても無茶苦茶な要求をしてくる相手もいます。そのような相手に対しては、会話の中で「今後の対応に関して顧問弁護士に相談する」とか「この種の問題については日頃から弁護士に相談している」とか「この点についてはわれわれだけでは判断できないので弁護士などとも相談させてください」と告げて、企業や事業者は法律にのっとってしかるべき対応を行うという姿勢を示します。それによって、相手も「あまり強い主張を続けたら面倒なことになりそうだ……」とか「あまり感情的な発言をしたら足元をすくわれかねない……」とか「裁判までは考えていないのだけれど……」とか、多少なりとも心理的な負担を感じてくれるものです。たとえ、相手が「そんなの関係ないだろ！」とか「だから何なんだ！」とか「勝手に弁護士と相談すればいいだろ！」と強気の姿勢で返してきても、内心は「面倒なことは避けたいな……」と思っていることのほうが多いと思います。ですので、相手があまりにも不当な主張を続けたり、無茶苦茶な言動を続ける場

合には、弁護士の存在をちらつかせたりしながら、相手の無茶苦茶な要求を押し戻しつつ話合いを進めていくようにしてください。

⑥ 心を込めてお見送りを行うこと

ひとしきり相手の話を聞いて、相手との面会を終えた後も、最後まで気を抜かないようにしてください。長時間、相手の話を聞いて、相手も話疲れて、今回のクレーム対応ももうこれで終了となったにもかかわらず、お見送りの際の態度が悪かったとか、最後に相手に回答した内容が悪かったという事情で、相手の悪感情が再燃してしまう場合があるからです。ですので、相手と別れる際には、誠意をもって、心を込めて、お見送りをするようにしていただく必要があります。お見送りの基本は相手の姿が見えなくなるまで見送り続けることです。ですので、相手の姿が見えなくなるまで、しっかりとお見送りを続けて、それでクレーム対応の面会も終了になることを徹底する必要があります。

⑦ お見送りを行う際の言葉にも配慮すること

また、お見送りの際に相手にかける言葉も重要です。たとえば、面会の場面でクレーム対応が終わったような場面では、「このたびは貴重なご指摘をいただきまして有難うございました」、「このたびは大変良い勉強をさせていただきました。貴重な経験ですので必ず今後に活かして参りたいと思います。有難うございました」といった言葉を伝えて対応を終了させます。悪感情を抱いている相手に「しっかりと話を理解してもらった」と認識してもらい、満足を得てもらう必要があります。最後の最後で解決しかけたクレーム対応が再燃してしまうこともありますし、世の中はどこで何がつながっているかわかりませ

んので、こちらの最後のちょっとした気の緩みが、別のクレームや悪評につながっていきかねない事態があるのです。ですので、最後の最後まで決して気を抜かないことが大切なのです。

⑧ 一歩進めてアフターフォローを行うことも検討する

お見送りを終えた後も、できれば、さらにもう一歩進んだ対応をめざしたいものです。相手と別れたら終了ではなく、後日、相手に電話をして「先日の商品の件ですが、その後、不都合などございませんでしょうか」、「先日は貴重な機会をいただきまして有難うございました。その後ご不便などございませんでしょうか」と話を聞くことも検討してみてください。もちろん相手次第の部分もあると思いますが、このような対応をしても問題がなさそうな相手の場合には、ぜひ、検討していただきたいと思います。わざわざクレームを主張してくる相手は、企業や事業者の販売する商品や提供するサービスのファンの場合も多いのです。そのような相手に対して、アフターフォローをすることで、顧客満足を高めることにつなげていきます。なお、忙しく過ごしている相手にとっては、電話は行き違いになったりして迷惑な場合もあるので、電話で相手とのやりとりをせずとも、直筆で手紙を書くといった方法もあります。このような誠意のある対応は必ず世の中に広がっていきますし、このような心掛けでクレーム対応を行っていく限りは、そもそも、クレームが発生しない体質の企業や事業に変わっていくことも期待できます。

[図2−3−2] 面会対応時の注意点

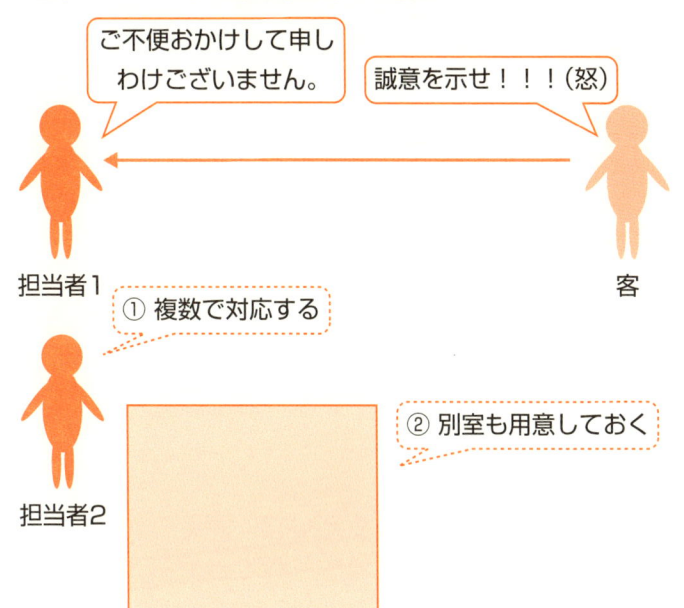

担当者1：「ご不便おかけして申しわけございません。」

客：「誠意を示せ！！！（怒）」

担当者2

① 複数で対応する

② 別室も用意しておく

4. 受付②（現場と現物の調査・証拠の保全）

(1) 現場と現物を確認することの重要性

　クレーム対応における初期対応は極めて重要です（第1章「13. クレーム対応の5原則⑤（迅速性）」参照）。クレームの契機はちょっとした出来事である場合が多いものです。ちょっとした出来事について初期対応を適切に行うことができれば90%程度のクレームはその場で解決してしまいます。ですが、初期対応が適切に行えなければ、事態が紛糾して解決までの時間も長期化する可能性が高まります。

　初期対応の中には、店舗や事業所などの現場で直接クレームを受ける場合や電話で受ける場合、あるいは相手の要求に応じて面会の機会を設けてクレームを受ける場合や相手からの書面でクレームを受ける場合もあります。

　そのような初期対応の中で、特に重要なのは、現場と現物の確認作業です。クレームが発生した現場にはクレーム対応を解決に導くための情報がたくさん存在しています。また、クレームのもととなった現物にはクレーム対応の方向性を決定するための情報がたくさん存在しています。「百聞は一見にしかず」、「聞いた千遍より見た一遍」といった言葉がありますが、まさに、そのとおりです。現場や現物を確認するだけで、クレームが発生した原因やクレーム対応の方向性も決まってしまう場合も多いものです。

加えて重要なのは、それらの現場や現物を可能な限り保全しておくことです。時間の経過とともに現場や現物の形状は変容していきます。そのため、クレームが発生してすぐの段階で現場や現物を保全しておかなければ、後になってからそれらを確認しようとしても確認できなくなってしまっている場合も多いのです。そのため、現場や現物を保全して将来の証拠を確保しておくという姿勢が大切です。

(2) 現場と現物の調査・証拠の保全の具体的な内容

　それでは、具体的に何をどのようにして保全していくかについて説明します。保全すべき対象は「場所」、「物」、「状況」そして「人」です。「場所」というのはどこでクレームのもととなった事象が発生したのか、「物」というのはクレームの対象となった商品や製品、「状況」というのはどのような経緯でクレームが発生して何が生じたのか、「人」というのは誰がどのように関与してどのようなクレームが発生したのか、またそれを把握している人は誰かということです。これらを以下に述べる方法で適切に保全していくことが重要です。

① 現地や現場の保全を行うこと

　店舗で提供を受けたサービスに不便な点があったとか、購入した商品を自宅で使用していたら火を噴いたとか、クレームには「舞台」があります。クレーム対応の解決をめざすうえでは、この「舞台」（現地や現場）を確認することが有益です。現地や現場を確認することで、相手の主張するクレームの発生した原因を追体験することができますし、相手の主張内容の成否を確認することができます。現地や現場を確認することで相手の主張の矛盾点も浮き彫りになってくることがあります。クレーム

のもととなった原因を解明するために役立つ情報を取得することができることもあります。現地や現場には最も多くの情報が集まります。

そして、現地や現場を確認する場合には、できるだけ早期に行うことが必要です。時間が経過すれば経過するほど情報は損なわれていきます。そのため、クレームの第一報を受けた段階で、担当者から早々に「それでは近日中におうかがいさせていただきたいのですが」と申し出て、現地や現場を確認する段取りを組んでください。日程は可能な限りクレームの第一報が届いた日と近い日程で調整するようにしてください。

また、現場や現状の記録を残す際には、画像や音声を録取するようにしてください。たとえば、商品の不具合の場合や現場に現品が存在する場合には、デジタルカメラで静止画を撮影したり、デジタルビデオカメラで動画を撮影したりします。騒音がクレームの原因になっている場合には、録音機で録音を行ったり測定機で測定を行います。臭いがトラブルの原因になっている場合には、実際に担当者が臭気を確認して、その印象をメモや社内記録に残したり、現物を現場から引き上げてきて臭気を発する商品を保管したりする必要があります。そのようにして、可能な限り、クレームが後日紛争に発展した場合の証拠を意識的に記録化していくのです。

②　現物の保全を行うこと

クレームの対象が商品の欠陥のような場合には、クレームの対象となっている現物の調査を行う必要があります。たとえば「購入した商品から突然出火した」といった商品の性能や機能

に関係するクレームの場合には、鑑定など、専門的な調査が必要になる場合もあります。そのためには、実際に火を噴いた商品を入手して保管する必要があります。現場や現地に訪問してそれらを引き上げることができれば、現場や現地の確認とともに商品の引き上げを行う必要があります。また、現場や現地を訪問することが困難な場合、たとえば、相手が遠隔地に存在するような場合には、問題となっている商品を郵送で送付してもらう必要があります。その際に必要となる費用は企業や事業者で負担すべきですので、着払いで送付してもらうことも検討してください。さらに、企業や事業者で商品を確保することができない場合には、写真や映像で現状や現地や現場を記録化して保存することも検討する必要があります。

また、たとえば、相手が「そちらで購入した商品を使用してけがをした」と言ってきたような場合には、相手から診断書の提示を求めてください。場合によっては、相手が通院している病院に訪問して、詳細な内容の確認を行う必要もありますし、けがが完治する前の状況を相手にカメラで撮影してもらい、記録として提出してもらうことも必要です。けがの現状がわからなければ、また、初期の段階での医師の診断がなければ、本当にこちらが製造販売した商品が原因になって相手にけがが生じたのかどうかも判然としない場合も多いからです。

③ 現状の調査と確認を行うこと

たとえば、「通信販売でテーブルを購入したが、テーブルの天板にヒビが入ってしまっていた」というクレームがあった場合には、テーブルだけではなく、テーブルの設置状況や設置環境を確認することが、今後の対応を検討するうえでの重要なポ

イントになります。日当たりや湿度など、そのテーブルが設置される環境が原因になってヒビが入っている可能性があるからです。また、対面で販売した店員に対するクレームの場合には、その店員が日頃どのようなサービスを行っているかを実際に担当者が部外者を装って目で見て確認したりすることで、「こんなサービスだったら、お客様も怒るよな……」という感想を抱いたり、「マニュアルと全然違う接客をしてしまっているな……」ということが確認できたりするものです。このように商品の現状やサービスの行われている現状を確認するだけで、なぜクレームがあったのか、その原因が判明することも多いものです。ですので、クレームを現場で受け付けた場合には、実際にその商品が置かれている現状やサービスが提供されている現状を確認することが重要です。

④ 相手以外の関係者からの聞き取り調査を行うこと

相手以外の関係者からの聞き取り調査を行うことも重要です。関係者というのは、相手から聞き取った話の中に登場する人物のほか、今回発生したクレームに関係していると思われるすべての人です。たとえば、クレームの対象が自社の製造・販売する商品の欠陥であれば、商品の製造に従事している部署の担当者や責任者、商品の販売担当者や責任者なども含まれます。関係者のめどをつけてみたところ、あまりに関係者が多い場合には、「最もよく内容を把握している人」（最も詳しい人）という観点から、聞き取り調査の対象を絞り込んでいきます。聞き取り調査の具体的な方法として、時系列に従って話を聞いていくことや、5W1Hを意識しながら話を聞いていくことや、メモに残しながら話を聞いていくことなどについては、相手からの聞き取りの場合と同様です。初期対応で重要なのは、事実経緯

とクレームのもとになった原因の追及です。相手から聞き取った事実経緯をもとに、企業や事業者の認識する事実経緯を確認していきます。そしてその事実経緯に基づいて、相手のクレームの対象になった商品やサービスの提供方法等を確認していきます。

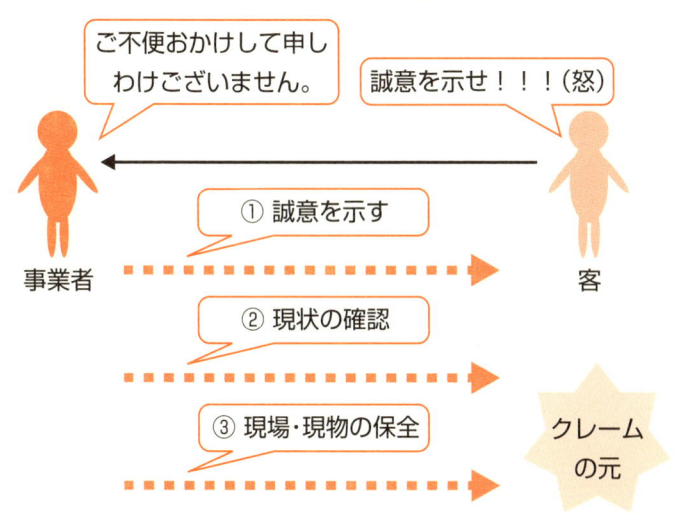

[図2―4] クレーム対応の現場で行う3つのこと

事業者「ご不便おかけして申しわけございません。」　客「誠意を示せ！！！（怒）」

① 誠意を示す
② 現状の確認
③ 現場・現物の保全

クレームの元

5. 受付③（電話——総論——）

(1) 電話対応の特徴

　クレームの第一報の多くは相手からの電話の場合が多いものです。

　電話対応の場合は面会対応の場合と異なり、直接表情が見えない、直接表情や態度で伝えられないといった特徴があります。相手の表情が見えないので相手の考えがわかりづらく、相手に表情や態度で企業や事業者の誠実さを伝えることもできません。また、電話だと、お互いの言葉のやりとりに意識が集中してしまうので、面会対応のときよりも慎重に言葉を選んで使う必要があります。電話だと相手に録音されている場合もあるので、慎重に会話を進めていくことが必要になります。言葉のやりとりに全神経を集中しながら会話を進めていくことが求められます。

　他方で、電話対応ならではの良い面もたくさんあります。たとえば、話合いの中で相手が感情的になって激高し始めた場合でも、電話なので一度切ってクールダウンすることが可能になります。また、正確な事実を伝えるために、手元に記録を用意しながら話を進めることも可能になります。また、適切なやりとりを行うために、手元にクレーム対応のマニュアルを用意しながら対応を進めることも可能になります。さらに、パソコンで検索しながら、過去のデータベースを調べつつ会話を進める

ことも可能になります。

(2) 電話対応の注意点①（一般論）

それでは、相手と電話でやりとりを行う場合にはどのような点に注意しながら進めていく必要があるのでしょうか。具体的な受け答えの確認を行う前に、まずは、電話対応を行う際の一般的な注意点を確認してください。

① 電話は３コール以内にとること

商品やサービスに対するクレームの電話は、ある日突然かかってくる場合が多いものです。あらかじめクレームの電話だとわかっていれば、心の準備をして電話対応を行うことができるのですが、クレーム専用の電話窓口を設置している場合以外では、そのような心の準備を行う間がなく電話がかかってくることがほとんどかもしれません。そのため、常日頃から一般的によく言われているマナーに沿った電話対応を行うことが求められます。

その１つが電話のとり方です。クレームを主張してくる相手は企業や事業者に対する悪感情を抱きながら電話をかけてきている人がほとんどです。そのような相手をいたずらに待たせてしまうと、相手の悪感情が膨らんでいきます。相手を待たせれば待たせるほど、相手の悪感情が増幅していくのです。そのため、特に、苦情相談窓口などクレームの電話を日常的かつ専門的に受け付けている部署はもちろんですが、そうでない場合にも、電話は必ず３コール以内にはとることを心掛けてください。

「３コール以内に電話をとる」という話は一般的に多くの新

入社員教育などでもよく言われています。その理由として、「人間は5コール以内に電話に出ないと『長いな……』と感じるから4コール以内に電話に出る。ただし相手とのタイムラグもあるかもしれないから企業や事業者は3コール以内に電話に出るようにする」とか、「3コールは10秒で、人間は10秒以上待たされると長く感じるから」とか、「3コール以内に電話に出ると相手は『すぐに出た！』という印象をもってもらうから」などと説明されていますが、正確な理由は明らかではありません。ですが、一般的にこのように言われることが多い以上は、相手も「礼儀正しい電話対応は3コール以内」という固定概念をもっている可能性があるので、それにあわせた対応を行うほうが望ましいと考えてください。

なお、「3コール以内に電話に出る」と心掛けていても、その場に人がいなかったり、回線がふさがっていたり、他の電話に対応していて時間がなかったりして、「3コール以内に電話に出る」ことができない場合もあると思います。その場合には、「お待たせして失礼いたしました」とひとこと謝罪の言葉を伝えてから本題に入るようにしてください。

② **電話のたらい回しはやめて基本的には折り返すこと**

相手からかかってきた電話を担当部署や担当者に取り次ぐ必要がある場合があります。最初に電話をとった者がクレームの電話だと判断できた場合には、電話を転送するのではなく、折り返すように伝えるべきです。「私では事情がわかりかねますので、担当者から折り返させていただいてよろしいでしょうか？」と相手に伝えたうえで、企業や事業者の担当者から可及的速やかに電話をかけ直すようにしてください。クレームの電

話をかけてきている相手は企業や事業者に対する悪感情を抱いています。担当者への電話取り次ぎまで、相手はずっと受話器を耳にあてて待たされることになります。そして、相手は待たされれば待たされるほど、企業や事業者に対する悪感情が増幅していきます。相手を待たせて悪感情を増幅させてしまうくらいであれば、一度、電話を終えたうえで、企業や事業者からかけ直したほうが望ましいのです。

　もっとも、最初に電話を受けた段階では、クレームの電話なのか何なのかわからないような場合や、相手が担当者を名指しして電話をかけてくる場合も多いものです。このような場合には、電話を取り次ぐことになりますが、その場合であっても、電話のたらい回しは避けるようにしてください。「電話の転送が許されるのは１回まで」という姿勢が大切です。

③　相手を30秒以上待たせないこと

　また、最初に受けた電話を担当部署や担当者に取り次ぐ場合でも、電話を転送するにあたって、相手を待たせる時間にも配慮が必要です。相手を待たせてよいのは30秒程度と考えてください。それ以上の時間、相手を待たせてしまうと、相手の悪感情が増幅していきます。待たせたこと自体が２次クレーム・３次クレームを誘発していきます。そして、待たせる場合にも一方的に待たせずに、待たせる理由を説明してください。たとえば「予定を確認しますのでしばらくお待ちください」、「お調べいたしますので、今しばらくお待ちください」などとひとこと理由を伝えるだけで、多少でも相手の悪感情の増幅を防止することができるのです。

④ 電話の保留音にも気を配ること

　担当部署や担当者に電話を取り次ぐ際に、相手がかけてきている電話回線は保留状態になります。そして、保留状態の間、クレーム対応の相手は、ひらすら受話器から流れてくる保留音を聞かされる状態になります。相手は聞きたくもない保留音を一方的に聞かされることとなり、その間、当然ながら企業や事業者に対する悪感情が増幅していきます。ですので、保留音をどのような音にするかは慎重に選択しておく必要があります。まれに保留音に自社の商品の宣伝などを流している場合がありますが、クレーム対応のことを考えると望ましくはありません。音楽には好みがあるため、最も良い音楽をあげることはできませんが、強いていうなら、多くの人の心を落ち着ける効果があるクラシックが望ましいと思います。

⑤ 最初の挨拶やひとことが重要

　担当者が電話に出る際の最初の挨拶にも気を配ってください。「お待たせして失礼いたしました。担当者の○○です」、「いつもお世話になっております。○○でございます」、「お電話有難うございます。○○部の○○です」、「当社の商品をお買い上げいただき有難うございます。私は○○部の○○でございます。このたびはご不便をおかけして申しわけございませんでした」などと明るくハキハキした声で電話に出るようにしてください。相手から話を聞く前提として、まずは担当者が所属と自分の名前をはっきりと伝える必要があるのです。企業や事業者の所属や名前を伝えることで、相手に対して「きちんと対応します」という姿勢を伝えることができます。相手の話を聞き出す前のひとことにも気を抜かないようにしてください。

⑥ 襟を正して誠意をもって話を聞くこと

当然のことですが、クレームの電話に全勢力を傾けて、背筋を伸ばして話を聞くようにしてください。不思議なもので、人間の言葉と体の動きは自然と連動してしまいます。足を投げ出したり、足を組んだりして話を聞くなども絶対にあってはなりません。デスクの上のパソコンでネットサーフィンをしながら話を聞くなどは論外です。電話の相手はこちらが真剣に話を聞いているかは、受話器の向こうからでも敏感に察しがつくものです。電話での対応の場合であっても、目の前に相手がいると想定して、真剣に話を聞くように心掛けることが大切です。

⑦ **クッション言葉の活用を**

相手とのやりとりの中では、クッション言葉を使うことを意識してください。クッション言葉というのは、言葉の前につけることで会話の潤滑油の役割を果たす言葉です。「恐れ入りますが」などが典型ですが、それ以外にも「お手数おかけしますが」、「大変恐縮ではございますが」、「恐縮でございますが」、「申しわけございませんが」、「ご不便おかけしますが」、「失礼かもしれませんが」、「せっかくではございますが」など、会話を円滑に進めるための丁寧な言葉のことです。クッション言葉は、特に否定的な言葉の前につけることで、相手に対して与える攻撃性を和らげることができます。「しかし」、「でも」、「ですが」という逆説の接続詞などはそのままむき出しでは使わないようにしてください。クッション言葉を用いながら、こちらの誠意や迷惑をかけていることに対する謝罪の念を伝えつつ、相手から話を聞き出し、相手の感情を鎮静化していきます。

電話の受け答えの中には、相手の感情を損なわないようにす

る話の聞き方があります。「はい。ご指摘もっともでございます。申しわけございませんでした。ですが……」、「ご迷惑おかけして失礼いたしました。もっとも、現在当社でも……」、「ご指摘の点につきましては至急対応させていただきます。ただ、もう1点目につきましては……」という具合に、まずは相手の話に対しては肯定で返すことが大切です。相手の話をいったんは肯定した後に、「しかし」、「ですが」、「もっとも」、「ただ」などの接続詞を用いて、こちらの状況等を伝えていくのです。いきなりこちらの言い分や状況を伝えてしまうよりも、はるかに相手の感情を逆なでることを防ぐことができるので、活用してください。

⑧ 相手への共感は仮定的なものや個人的なものでもよい

相手の言っていることが事実かどうかわからない場合でも、相手に共感を示して相手の感情をなだめることができる方法があります。たとえば、「かりにお客様のご指摘のとおりの事実でしたら、大変申しわけございませんでした」、「かりにご指摘のとおりの対応をしてしまっていたとしたら、当社にとりましても大変な問題でございます。つきましては、至急事実関係を調査したうえ、対応を進めさせていただきます」などと「かりに」という仮定的条件を示して相手に共感を示すことが可能です。また、「確かに個人的にはお客様のおっしゃることはもっともだと感じます。ですが、当社の対応といたしましては……」などと個人的な共感を示すという方法もあるので、活用してください。

⑨ 慌てずに相手の話をしっかりと聞いていくこと

突然のクレームに慌てて対応をしてしまうことがあります。企業や事業者が慌ててしまい、心理的に動揺してしまって、相

手の話を十分に聞くこともできずに電話を終えてしまうような場合があります。そのような場合に備えて、クレーム対応マニュアルなどを手元に置いて、参照しながら、重要な要素を聞き逃すことなく、時間の流れに沿って、相手の話を聞いていくように努めてください。クレーム対応マニュアルが担当者の心の支えになります。「マニュアルに従って話を順に聞いていくだけでよい」と思えるだけで、ずいぶん心が落ち着いてくるはずです。

⑩ 相手の話を遮らないこと

詳細はすでに説明したとおりですが（第2章「3．受付①（聞き取り）」参照）、話を聞くときは相手の話を遮らないようにすることが大切です。

⑪ 反論や否定は避けること

反論や言いわけは逆効果です。可能な限り反論や言いわけを述べることはせずに、相手の話をただ素直に聞いていくことに徹してください。「そうはおっしゃいますが……」、「わかりません」、「できません」、「違います」などは相手の感情を逆なでし、相手の悪感情を増幅させるだけです。このような反論や否定的な表現を言うことは慎みながら、相手の感情や主張を聞き出すことに徹してください。

⑫ 断定的な表現は使わないこと

話の内容にも注意をしてください。特に最初にクレームを受け付けた段階での電話対応は、クレームの原因もわからなければ、責任の所在の判断もできていない状態です。そのような段階で断定的な表現を使ってしまうと、相手の期待感を煽ったり、相手の悪感情を増幅させたりすることにつながります。このような対応は百害あって一利なしです。ですので、最初の段階で

は「絶対」、「通常」、「普通」という断定的な表現を使わないように注意する必要があります。

⑬　専門用語や業界用語は噛み砕いて説明すること

　専門用語や業界用語は噛み砕いて説明することが大切です。クレームの電話応対の基本は、相手の立場に立って話を進めていくことです。企業や事業者はその商品やサービスについての専門的知識があるかもしれませんが、電話の相手は素人のことがほとんどです。それにもかかわらず、専門用語や業界用語で説明されると、専門用語や業界用語に精通していない相手はその内容を十分に理解することができず、ストレスを抱えていきます。このストレスが相手の悪感情を増幅させていきます。クレーム対応の際には専門用語や業界用語を極力使わずに話をするように心掛けてください。

⑭　クレームなのか単なる問合せなのかを確認する

　相手との会話のやりとりの中で、相手の主張がクレームなのか単なる問合せなのかを確認する必要があります。最初に話を聞いた段階では、クレームのように感じても、よくよく話を聞いてみると、実は商品やサービスに関する問合せの場合も多いものです。たとえば、「商品を購入したけれど使い方がよくわからない」とか、「ウェブサイトを通じて商品を購入しようと思うけれど、購入の仕方がわからない」などといった商品やサービスに関する問合せも多いのです。このような場合には相手の話を聞いて、適切な対応ができる部署や担当者から適切な説明をしてもらえれば、それで解決になります。他方で、「商品を使っていたら火傷した」、「商品の破片や異物を飲み込んでしまった」、「使用中に突然商品から煙が出てきた」などの場合はクレームとして対応していく必要があります。電話の中で「ク

レームですか？」、「問合せですか？」とストレートに聞けないことがほとんどですので、相手から話を聞いていく過程で、クレームなのか単なる問合せなのかを見極めていく必要があるのです。

⑮ 相手の話を復唱して正確に記録に残すこと

電話での話の聞き方にも注意が必要です。メモをとりつつ、復唱しながら相手の話を聞いていきます。電話でメモをとる際には、漢字などの表記を確認することを忘れないようにしてください。私が新人弁護士の時の苦い思い出があります。電話でクレームを主張してきている相手とメモをとりながら話を聞いていました。当然、相手の名前や住所や連絡先もメモしてあります。ひととおり話合いを終えて、最後に、私から「それでは後ほど書面で当社の考えをお伝えしたいのですがよろしいでしょうか？」と言い、相手が「ああ、わかった。それじゃあ、書面を待っているから！」と言って電話が終わりました。その後、電話で相手に約束したとおり、こちらから、いざ書面を送ろうとしたところ、相手の名前を漢字でどのように表記すればよいのかわかりませんでした。メモには片仮名で相手の名前が残っているのですが、漢字を聞いていなかったのです。あらためて、相手に電話をかけ直すのも気まずいですし、不用意に「名前の漢字を教えてほしいのですが……」などと尋ねてしまうと、何となく相手にまた違った攻撃材料を与えることになってしまう可能性もあるのではないかと思い、どうしたものかと考えあぐねたケースがありました。名前以外にも音読みだけでは表記が難しい地名や固有名詞があるので、それらの表記をしっかりと確認しておくという意識も重要なことです。

⑯　最後に今一度相手の住所や連絡先を確認すること

　相手の話を電話でひととおり聞いた後、手元のメモにはびっしりと情報が記載されていると思います。ですが意外にありがちなのが、「相手の名字だけは聞いていたけれど名前を聞いていなかった」とか「相手に回答を郵送する約束をしていたけれど相手の住所を聞いていなかった」とか「検討した後で企業や事業者から電話で結果を伝える約束をしたけれど、相手の連絡先を聞いていなかった」という話合いの周辺部分に関する聞き逃しです。クレーム対応は心理戦です。できるだけ相手に手間や不快な思いをさせずにスムースに対応を進めていく必要があります。1回で確認できることを、2回、3回と手間をかけてはいけません。電話での聞き逃しを防ぐためにも、電話を終える前に、それまでの内容を復唱したり、手元のメモの記載を今一度確認したりする習慣をつけて、相手の氏名、住所、連絡先を必ず確認するようにしてください。

[図2—5] 電話対応時の注意点

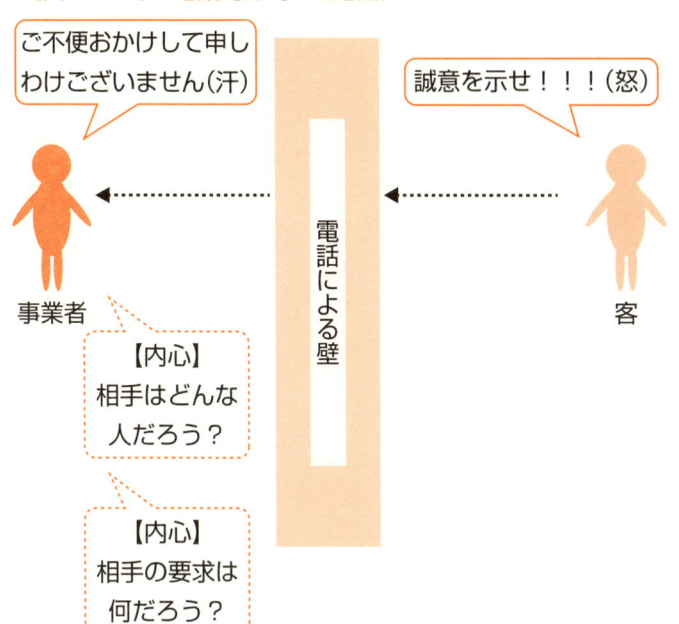

ご不便おかけして申しわけございません(汗)

誠意を示せ！！！(怒)

事業者

客

電話による壁

【内心】相手はどんな人だろう？

【内心】相手の要求は何だろう？

6. 受付④（電話──各論──）

　電話対応の一般的な注意事項はすでに説明したとおりですが（第2章「5．受付③（電話──総論──）」参照）、ここから先はもう少し踏み込んで、具体例に沿った電話対応の仕方について説明していきます。

(1) 相手に「何で名前を言わなければいけないんだ！」と言われたら？

　相手を確認することはクレーム対応の第一歩です。名前を名乗らないような相手には対応する必要はありません。相手がわからないのに、対応のしようがないからです。ですので、相手が名前を名乗らないときには、「お名前をおっしゃっていただかなければ、今後の対応もできません」ときっぱりと言い切って、それでも相手が名前を言わないようであれば、対応をしかねる旨を伝えて、電話を切ってください。

(2) 相手に「自宅に来い！ 自宅に来て説明しろ！」と言われたら？

　基本的に自宅に行く必要はありません。「当社としてはそのような対応は行っておりません」、「当社としてはそのような対応はいたしかねます」、「当社の決まりではそのような対応は行えないのです」などと告げて、毅然とした対応で拒絶していただけばよいでしょう。もっとも、事故原因を特定したり、事故現場が自宅で事故の現場や被害の程度を確認したりするために、

相手の自宅を訪問したほうが今後の対応を決定する際に有益な場合もあるので、そのような場合には、むしろ積極的に相手の自宅を訪問することも検討したほうがよいでしょう。

(3) 相手に「現場に来い！」と言われたら？

　可能な限り現場に駆けつけるようにしてください。第1に、すぐに現場に駆けつけることで誠意を示すという意味合いがあります。第2に、クレーム発生の原因を確認するという意味合いがあります。現場には最も多くの情報が集まります。現場は解決に向けての情報の宝庫です。クレーム対応の方向性を決めるために重要な情報を収集するのが望ましいと考えてください。そして、現場に駆けつける場合には、可能な限り早く現場に行くように心掛けてください。時間が経過してしまうと、証拠や情報が散逸してしまい、現場に駆けつける意味が半減してしまうからです。また、現場に駆けつける場合には1人ではなく、複数で駆けつけるようにしてください。複数の視点で見ることにより、1人の視点では発見できない情報をみつけることができるからです。

(4) 相手に「社長を出せ！」と言われたら？

　まずは、「この件の担当者は私ですので、私がお話をおうかがいします」、「当社の決まりで担当の私がお話をおうかがいさせていただくことになっています」などと答えて、相手の要求を拒絶するようにしてください。相手から「社長を出せ！」と言われても、それに応じる法的な義務はないので、拒絶して問題ありません。それでも執拗に社長や上司が電話に出ることを要求してきた場合には、「私が担当者として、お話をおうかが

いします。もしそれでご納得いただけないのであれば、これ以上お話を承ることはできかねます」と告げて、やはり毅然とした対応で相手の要求を拒絶するようにしてください。

⑸ 相手に「これから会社に行くから！」と言われたら？

たとえば、「この後、夜中になるけれど、会社に行くからそのまま待っていろ！」と言われた場合には、「当社の営業時間は18時までですので、それ以降は対応しかねます。申しわけございませんが、また日を改めていただけますでしょうか？」と毅然とした対応をするようにしてください。そもそも相手の要求に応じる法的な義務はないので、そのような対応で問題ありません。

⑹ 相手に「誠意をみせろ！」と言われたら？

誠意という言葉は非常に抽象的な言葉です。こちらが誠意をもって対応しても、相手が「誠意がある」と感じなければ、「誠意がある」、「誠意がない」の範疇から話が進みません。相手がどのように受け取るかで、どちらの方向にも話が進んでいってしまうのです。そこで、このような要求に対しては、「まずはお話をおうかがいさせてください。お話をおうかがいした後に、当社としての誠意を示させていただきたいと考えています」などとして話を切り返すようにしてください。「誠意がある」、「誠意がない」ということが論点になってしまうと、相手の主観的な判断次第になってしまうので、「誠意がある」、「誠意がない」といった論点から話の焦点をずらすことが必要なのです。

⑺ 相手に「態度が気に入らない！」、「言い方が気に入らない！」と言われたら？

このように言われても「態度の良し悪し」や「言い方の良し悪し」はクレーム対応に関する本質的な部分ではないので、「不快にお感じになられるような態度をとってしまったようで、大変失礼いたしました」、「不愉快な伝え方をしてしまい、大変申しわけございませんでした」などと謝罪をしたうえで、話を先に進めるようにしてください。

⑻ 相手に「謝罪文を一筆書け！」と言われたら？

一筆を書く必要はありません。相手の要求に応じる法的な義務はありません。念書、覚書、さまざまなタイトルがあるかもしれませんが、いずれにしても、一筆は書かないようにしてください。クレームの初期対応の段階は、事実経緯や、クレームのもととなっている責任の所在がどこにあるかが判然としない状態です。ですので、この段階で一筆を書くことは適切ではありません。「申しわけございませんが、現段階ではそのような対応はできかねます」と回答して一筆を書かずに話を進めてください。

⑼ 相手から話を聞いた後は？

相手の話をひととおり聞き終わったら、今後のことを約束してください。ただし、どのような対応を行うかは、持ち帰って検討しなければならないと思いますので、この段階ではあまり明確な約束はできません。たとえば、「お話は承りました。それでは担当者に確認のうえ、○○から折り返しご連絡させてい

ただきます」として、ひとまずは今後の流れを確認するようにしてください。

⑽ 担当者が不在の場合には？

クレームの相手から電話がかかってきたにもかかわらず、企業や事業者の担当者が不在の場合には、対応について相手の意向を確認するようにしてください。たとえば、「ただ今、あいにく担当者が外出しておりますので、大至急連絡をとり、あらためて折り返し、お客様にご連絡をさせていただきたいと思いますが、よろしいでしょうか？」と相手の意向を確認します。そして、即座に担当者に連絡を入れるようにします。決して、担当者を変えて、たらい回しにすることがないように注意してください。

⑾ 一度電話を中断する際には？

また、電話を中断して確認する必要がある場合もあると思います。長い時間中断する際には注意が必要です。待たせている側よりも、待たされている側のほうが、同じ時間でも長く感じるものです。電話を待たせるのは、長くても２、３分程度の時間が限界だと考えてください。また、電話の切り方にも注意が必要です。あたり前のことですが、相手が受話器を置くまでは、こちらも受話器を置かないことが大切です。社会人のマナーだとは思いますが、このような細かいことの積み重ねが、誠実さを相手に伝えることになるのです。また、悪質なクレームで電話を終わらせてくれないような場合には、「大変申しわけございませんが、会議の時間なので切ります」、「失礼かとは存じますが、これから外出しなければなりませんので切ります」など

と断ってください。

⑫　電話を折り返す時は？

　単に「折り返させていただきます」と言った場合には、5分以内に電話を折り返すことを心掛けてください。他方ですぐに折り返すことができないことが明らかな場合には、「折り返させていただきます」ではなく、「本日○時までに折り返させていただきます」とか「○日までにご連絡させていただきます」といった折り返し時間のおおよそのめどを伝えるようにしてください。

⑬　さりげなく相手の連絡先を聞くためには？

　このような場合には、相手からの電話に対して「電話代がかかってしまいますので、一度お切りいただけますでしょうか？すぐにこちらから電話をかけさせていただきます」と言って相手の電話番号を聞き出すという方法があります。そして、少し間をおいて、こちらから電話をかけ直してください。多少なりとも時間が経つことで相手の悪感情を緩和することができます。相手の連絡先を知ることもできます。悪質なクレーマーの中には匿名だったり電話番号を知られたくなかったりする相手もいるので、そのような相手を排除することにもつながります。

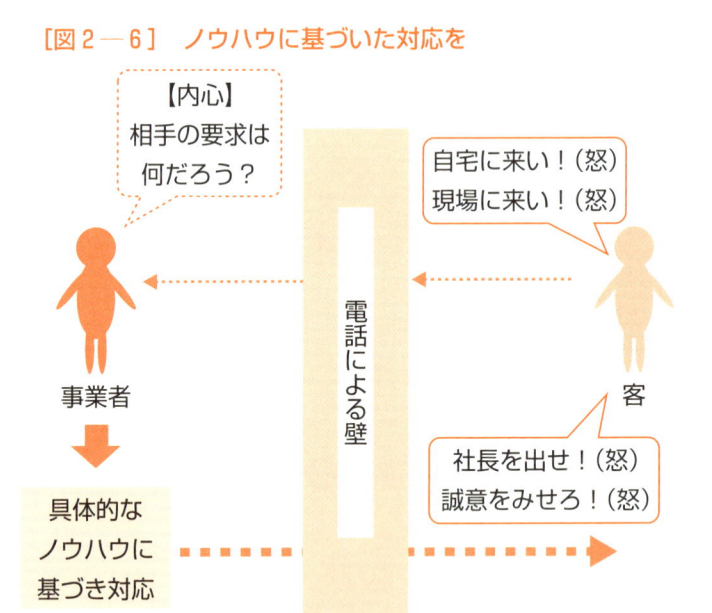

［図2-6］ ノウハウに基づいた対応を

【内心】
相手の要求は何だろう？

事業者

具体的な
ノウハウに
基づき対応

電話による壁

自宅に来い！（怒）
現場に来い！（怒）

客

社長を出せ！（怒）
誠意をみせろ！（怒）

7. 調査と確認①（相手の確定）

(1) 当事者の把握と当事者の特定がスタートライン

　弁護士でも犯してしまいがちな間違いに「当事者の把握ミス」があります。

　当事者を正確に把握するというと、「何を言っているのですか？　当事者は目の前の人に決まっているじゃないですか……」と思われる方もいるかもしれません。ですが、実際には当事者の把握が容易ではない場合も少なくありません。

　たとえば、ある日、妻の購入した商品について、妻から話を聞いた夫からのクレームの電話が入ったとします。クレームを受ける側も最初の段階では夫が商品の販売相手だと勘違いして対応してしまうかもしれません。でも、その後話を聞いていくうちに、商品を購入したのは妻であり、夫は商品の販売や購入とはいっさい関係していない場合もあるのです。妻の話を聞いた夫は義憤にかられて、「けしからん会社だな！　よし！　俺が変わりに文句を言ってやるから！」といった気持で電話をかけてきているのかもしれませんが、法的にみれば、夫は関係のない第三者ということになります。

　このような場合には、ある程度事実関係を確認してからでなければ、当事者を確定することはできません。逆に当事者を確定した後は、法的にみれば、あくまで妻を相手に話を進めるべ

きであり、今回の商品の販売やサービスの提供とは法的に関係のない夫を相手に話を進めても仕方ないのです。それにもかかわらず、よくあるのは「最初に電話をかけてきたのは夫だし……」とか「夫が、自分が窓口として話をすると言っているし……」とか「法的にも夫婦だから……」といった理由から、夫を相手に話を進めてしまうことです。

　クレーム対応の現場では、このようなことが頻繁に起きていますが、実際にはクレームを主張している目の前の人物が当事者ではない場合も多いのです。私自身も日々の相談業務の中で、娘の代わりに父親が、息子の代わりに母親が、母親の代わりに息子がといった場面によく接しています。日々の相談業務の中で、話を聞いている途中で、「あれ？ 当事者の把握が間違っているぞ……」と気づく場面もたくさんあります。

　最初に意識することで、当事者の把握にまつわる無用な紛争を防ぐことができます。クレーム対応に限らず、すべての紛争解決にあてはまることですが、当事者は少なければ少ないほど早く解決に至ることができます。逆に、当事者が多ければ多いほど、解決までの時間がかかってしまいます。また、ようやくクローズの段階になって「あれ？ 当事者は違う人じゃないか？」という事態も生じ兼ねません。しっかりと受付の段階で「この人は当事者なのか？」、「この人と話を進めて問題はないのだろうか？」ということを確認することを習慣づけていただきたいと思います。

(2) 当事者の確定の際に注意すべき点

　当事者の確定の際にはどのような点に注意する必要があるでしょうか。相手は「自分が被害や損害を被った！」と言ってきているわけですから、「相手の話を前提にすると本当に被害や損害を被った人は誰か」を確認していくことになります。「本当に被害や損害を被った人は誰か」をつねに意識しながら相手の話を聞いていくことが大切です。クレームを受け付けたのが、電話の場合もあれば、面会の場合もあれば、店頭などの現場の場合もあると思いますが、いずれの場合でも注意点は共通しています。具体的には以下のとおりです。

　① 　連絡先の確認を忘れないこと

　相手とのやりとりの最初の段階で、連絡先など相手の属性に関する情報を確認することが重要です。相手からの聞き取りの段階で、①名前、②電話番号、③FAXの有無、④住所、⑤電子メール、⑥携帯電話の番号などを順に聞いていきます。相手から電話番号を聞いて間違ってメモしてしまう場合があります。そうなってしまうと、適切なクレーム対応を進めることはできません。ですから、相手から聞いた情報は、必ず復唱する習慣をつけて、このようなミスを防ぐことが必要です。

　② 　相手は1人とは限らない

　目の前で話をしている相手は1人かもしれませんが、必ずしも相手は1人とは限りません。たとえば「飲食店で食事をしたところ後からお腹を壊してしまった」というクレームへの対応を進める場合には、相手といっしょに食事をしていた人がいればその人もクレーム対応の対象として把握する必要があります。そのため、相手の話を聞く際には「ほかに当事者はいない

か？」ということを意識しながら話を聞いていくことが必要です。

③ 相手が法人の場合

目の前で話をしている相手は個人かもしれませんが、法的にみて対応すべき相手は、必ずしも個人であるとは限りません。法人も権利義務の帰属主体になりますから、法的にみると、目の前の相手は法人の担当者にすぎず、企業や事業者が対応すべき相手は法人であるといったケースも多いのです。その場合には、法人の代表権や決定権が誰にあるかを意識しながら話を進めていく必要があります。

④ 相手が匿名の場合

相手が匿名で自分の名前や属性を語らない場合があります。そのような場合には、最初の受付の段階だけ丁寧に対応すれば良いことになります。匿名の相手には具体的な対応をすることができません。ですので、最初の段階だけ丁寧に対応して、後は「お名前をおっしゃっていただかなければ対応のしようがありませんので、これ以上お話をおうかがいすることはできかねます」と言って、対応を打ち切るようにしてください。

⑤ 相手の氏名や住所や連絡先がでたらめな場合

相手から確認した氏名や住所や連絡先がでたらめだったという場合があります。このような場合には、嫌がらせ目的の悪質なクレーマーである可能性が高いので、その後の対応についても多少慎重に進める必要があります。ただ、何度か確認しても本当の氏名や住所や連絡先を教えてもらえないような相手の場合には、法的な観点からも、それ以上対応のしようがないので、その後のやりとりを進める必要はありません。

⑥ 相手が成年被後見人や被保佐人や被補助人の場合

相手が高齢者の場合には、成年被後見人や被保佐人や被補助人である場合があります。少し詳しく説明します。

成年被後見人は、精神上の障害により、事理を弁識する能力を欠く常況にある者（＝行為の結果を弁識するに足るだけの精神能力を欠くのが普通の状態の者）として、後見開始の審判を受けた者のことをいいます（民法7条、8条）。成年被後見人には成年後見人が付され（民法8条）、成年後見人は成年被後見人の財産に関する法律行為につき成年被後見人の法定代理人としての地位を有することになります（民法859条1項）。そして、成年被後見人は制限行為能力者として（民法20条）、成年被後見人が成年後見人の代理によらず単独で行った法律行為（日用品の購入その他日常生活に関する行為は除かれます）は取り消すことができるとされています（民法9条本文）。

被保佐人とは、精神上の障害により事理を弁識する能力が著しく不十分である者として、保佐開始の審判を受けた者のことをいいます（民法11条、12条）。被保佐人には保佐人が付されますが、保佐人は成年後見人と異なり、原則として法定代理人としての地位を有していません。ただし、被保佐人の同意がある場合は、家庭裁判所の審判により、保佐人に対し特定の法律行為について代理権を付与することができ、その場合には代理権の範囲が特定された法定代理人になるとされ（民法876条の4）、被保佐人が民法13条1項に列挙された行為や家庭裁判所により追加された行為をする場合は、保佐人の同意が要求され、被保佐人が保佐人の同意を得ることなくこれらの法律行為をした場

合は、取り消すことができるとされています。

　被補助人とは、精神上の障害により判断能力が「不十分な」者のうち、後見や保佐の程度に至らない軽度の状態にある者をいいます（民法15条1項本文）。補助人の権能は補助開始の審判を基礎としてなされる同意権付与の審判や代理権付与の審判の組合せによって内容が決まります。したがって、被補助人に同意権付与の審判と代理権付与の審判の双方がなされている場合にはその補助人には同意権・取消権・代理権が認められ同意権付与の審判のみの場合には同意権・取消権のみが、代理権付与の審判のみの場合には代理権のみが認められることになります。

　したがって、相手が成年被後見人だったり、被保佐人だったり、被補助人の場合には、相手は単独で意思表示ができなかったり、相手が単独で行った意思表示が後から取り消されたりすることも想定されます。そのため、こちらが熱心に相手のクレームを聞いて、妥協点を探って、ようやく相手も了解してくれても、最後の段階で話が白紙に戻ってしまうといった例も決して少なくはありません。

　電話や面会の際に相手に「後見制度を利用されていますか？」と聞くことはできないと思いますが、相手が高齢者の場合や、相手の話の内容や態度からみると相手の判断能力に疑義が生じるような場合には、相手が成年被後見人だったり、被保佐人だったり、被補助人の可能性もあるかもしれないことを想定しつつ、その後のやりとりを進めていく必要があります。

⑦ 相手が未成年者の場合

また、相手が未成年者の場合にも注意が必要です。未成年者も法律上、成年被後見人や被保佐人と同様に、制限行為能力者とされています（民法20条）。そして、未成年者の財産行為には原則として法定代理人（原則として親）の同意を要するとされています（民法5条1項本文）。そして、未成年者が法定代理人の同意なく行った財産行為は後に取り消される可能性があるのです（民法5条2項）。ですから、相手が未成年者の場合には、基本的には親にも間に入ってもらいながら話を進めていく必要があります。

⑧ 相手が成人の親の場合

逆に、子どもが成人に達しているのに、その親が、子どもの被った被害や損害についてのクレームを主張してくる場合があります。その場合には、相手はあくまで子どもということになるので、「ご本人と直接お話をさせていただけますでしょうか？」と尋ねて、子どもと話を進めていく必要があります。

この場合に「いや！ 俺が窓口だ。俺が話をする！」と引き下がらない場合もあるかもしれません。法的にみると、親は、当事者でもなければ、何の権利もありませんので、親と話を続けても仕方がありません。相手が引き下がらないような場合には、こちらも譲る必要はないので「当事者はあくまでお子様ですので、これ以上の対応はいたしかねます」という対応で結構です。それでもあまりにしつこいような場合には、悪質なクレーマーと認定せざるを得ませんので、弁護士に相談して対応を進めていくことが望ましいと考えます。

⑨ 相手が反社会的勢力の場合

　最初から反社会的勢力であるとわかる場合は少ないと思いますが、相手の言動や風貌などから、その可能性が感じられる場合には、少し慎重に対応を進めるようにしてください。場合によっては、警察や弁護士といった外部の協力者にも相談しながら対応を進めていく必要があります。

　ちなみに、組織的にクレームをつける反社会的勢力などは、次から次に登場人物が出てきたり、話合いの相手をころころ変えることによって、話を振り出しに戻したり、交渉の中で優位なポジションを獲得するために、当事者を変えたりしてきます。これは反社会的勢力の交渉のやり方の常套手段の1つです。ですので、クレーム対応を行う際には、このような相手の術中にはまらないように、窓口を1本化しながら進めていくといった姿勢が大切です。

⑩ 相手の属性に応じた対応を

　相手が、公務員なのか、企業人なのか、企業人といってもどのような役職なのか、外資系の会社に勤務しているのか、などといった周辺情報も可能な範囲で取得しながらクレーム対応を進めるようにしてください。相手の情報は多ければ多いほうが、その後の交渉や和解の際の判断材料にできるからです。たとえば、相手が公務員であれば、違法な要求をしてくる可能性はほとんどないと思いますし、相手が一部上場企業に勤務しておりそれなりの収入を得ていることが予想される場合には相手の要求の本質は金銭的な満足ではなく誠意ある謝罪などであるといった予測を立てることもできます。そのような相手の属性に関する情報を1つでも取得しながら、相手の属性に合わせた解決

案を提示していくということもクレームを解決するためには有益です。

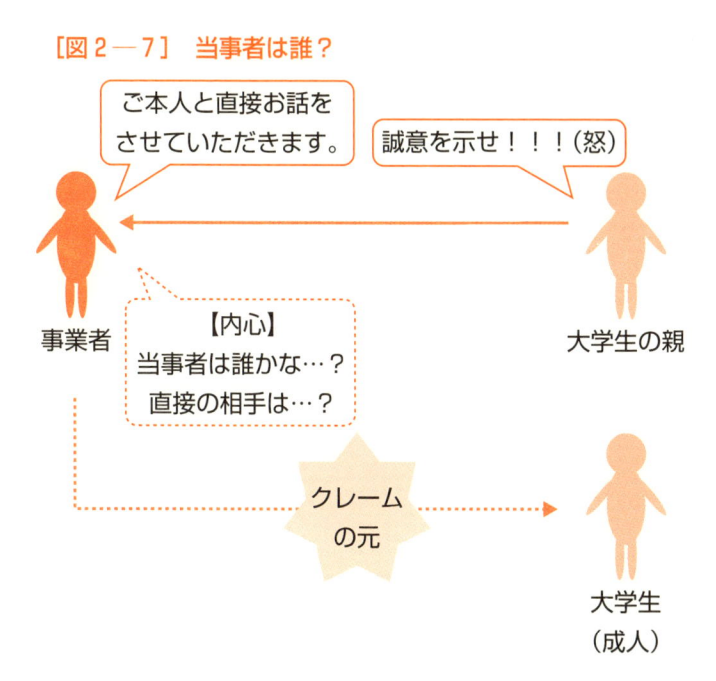

[図2―7] 当事者は誰？

- ご本人と直接お話をさせていただきます。
- 誠意を示せ！！！(怒)

事業者

【内心】
当事者は誰かな…？
直接の相手は…？

大学生の親

クレームの元

大学生（成人）

8. 調査と確認② （体制の構築）

(1) 原則は窓口の１本化

　クレーム対応は、①受付、②調査と確認、③対応策の決定、④対応という４つの段階を経て進行していきますが、その一連の過程を、責任をもって対応していく窓口を確定することが重要です。

　クレーム対応には一貫性が要求されますが（第１章「9．クレーム対応の５原則①（一貫性）」参照）、窓口が複数に分散してしまうと、個々の対応の責任の所在が不明確になってしまい、一貫性を維持することが難しくなってしまうからです。

　そのため、対応窓口を一本化したうえで、一度決定した窓口は安易に変更せずにクレーム対応を進めていくことが必要です。かりに対応窓口や担当者がころころと変更になってしまうと、相手は企業や事業者への不信感を強めて、そのこと自体が２次クレーム・３次クレームに発展していく可能性も高くなります。

(2) 例外的に窓口を変える

　他方で、クレーム対応には柔軟性も要求されるので（第１章「10．クレーム対応の５原則②（柔軟性）」参照）、例外的に担当窓口を変更しなければならない場合もあります。例外的に窓口を変更しなければならない場合としては、以下のような場合が考えられます。

①　担当者の退職や転勤

　クレーム対応を進めている途中で、担当者が退職したり、転勤したり、部署移動などで配属が変わってしまうような場合には、担当者の変更を行わざるを得ません。相手との話合いの状況や内容次第ではありますが、突然、担当者が退職したり、転勤したりするのは、相手にあまり良い印象を与えないことも多いと思われますので、事前に相応の説明をすることが不可欠です。事前に相応の説明をしていれば、「ああ、仕方がないな……」と考えてもらえることも多いと思いますが、突然変更してしまったのでは相手に乱暴な印象を与え、「何だ！ それは！」とか「きちんと話を聞いてくれているのか……」といった不満・不安・不信といった相手の悪感情を増幅しかねないものです。ですので、やむを得ず担当者を変更しなければならないような場合には、時間的な余裕をもって引き継ぎをするように心掛けてください。

②　相手との相性が悪い場合

　それ以外にも、相手とのやりとりがうまく進んでいない場合には、戦略的観点から積極的に窓口を変更したほうが良い場合もあります。人間は感情の生き物ですから、それぞれの相性があります。ある程度話を進めて相手との相性が悪いと思われる場合や、担当窓口が相手を怒らせてしまい2次クレームや3次クレームに発展してしまっているような場合には、戦略的にあえて担当者を交代することも一考の余地はあると思います。ただし、担当者の変更は、あくまで例外的な場合ですので慎重に進めていただく必要があります。

③　相手の怒りの矛先を変える場合

　クレーム対応の初期の段階で、相手からのすべての怒りや不

平や不満といった感情は目の前の担当者に向けられています。目の前の担当者が相手の悪感情のはけ口になります。途中からは企業や事業者よりも、その担当者が気に食わないという心理面でのすり替えも行われてしまいがちです。そのような状態で、担当者が一貫性をもって対応し続けていることは、クレームの解決に対してはかえってマイナスに働きます。そのような場合に担当者を変えるだけでも怒りや不平・不満が沈静化されていく場合があるのです。「あいつは本当に気に入らない奴だ。でも、あんたは良い人そうだな……」といった反応を得られる場合があります。相手の怒りの矛先を前任の担当者のままにしておいて、後任の担当者がスムースにクレーム対応を進めていくようにするのです。

④ 担当窓口が精神的な限界に達した場合

クレーム対応の担当者は精神的に相当な負担を抱えています。そのため、担当者が精神的に追い詰められて限界に達しそうな場合には、担当の変更を検討したほうがよいと考えます。精神的に追い詰められた段階では、適切なクレーム対応はできません。適切なクレーム対応ができなければ、クレームの解決が遠のくばかりか、2次クレーム・3次クレームを誘発しかねません。そのような事態を未然に防ぐためにも、状況に応じて事前の変更を検討するようにしてください。

(3) 社内と社外の2つの体制を整える

社内体制の構築だけではなく、社外体制を構築することも重要です。社内の体制だけでは、クレームを正しく解決に導くことが困難な場合も多々あります。たとえば、相手の主張しているクレームのもとになっている商品の欠陥の原因が、企業や事

業者にあるのか、相手の主張しているクレームが適法なものか違法なものか、相手の主張しているクレームに対して法的観点からみて企業や事業者が対応すべき義務があるのか、法的に対応すべきとして具体的にはどこまで対応する必要があるのかといったことは、専門家のアドバイスを参考にしながら決定していく必要があります。「餅は餅屋」の発想で、社内だけで解決しようとするのではなく、適宜、調査会社や、弁護士、税理士などさまざまな専門家とタッグを組みながら対応を進めていくことを検討してください。

[図2—8] **体制を構築しよう**

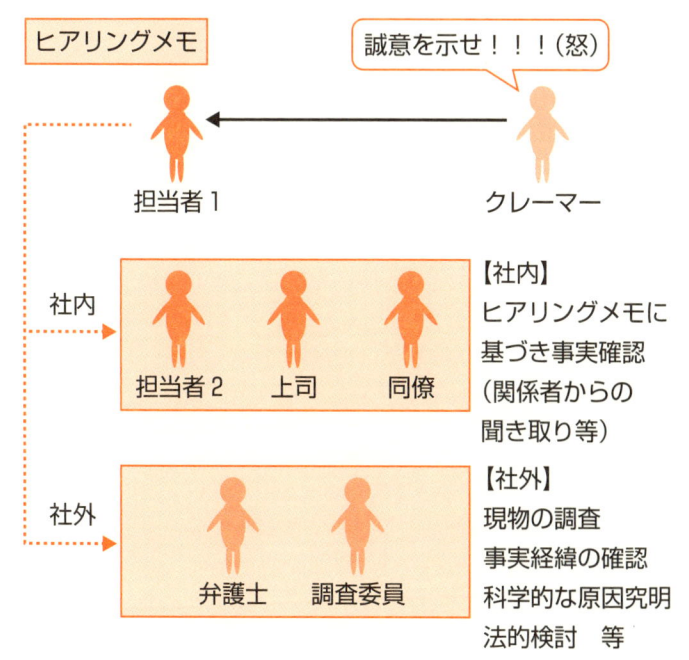

ヒアリングメモ

担当者1 ← 誠意を示せ！！！（怒）クレーマー

【社内】
担当者2　上司　同僚
ヒアリングメモに基づき事実確認（関係者からの聞き取り等）

【社外】
弁護士　調査委員
現物の調査
事実経緯の確認
科学的な原因究明
法的検討　等

9. 対応策の決定①（全体の方向性）

(1) 対応策決定にあたってやってはいけない3つのこと

対応策を決定するにあたって「絶対にやってはいけないこと」が3つあります。これらのポイントは企業や事業者の責任の有無とは関係なくつねに注意するべき重要事項ですので、確認してください。

① 隠ぺいと嘘は絶対に避けること

対応策の決定の際に絶対にやってはいけないことの1点目は、隠ぺいと嘘による対応です。クレームを受け付けた時に「これくらいは大きな問題ではないから事実をなかったことにしよう」、「真面目に説明するのは手間がかかるので、事実と異なるかもしれないけれど、手間がかからない範囲で説明しよう」、「事実を洗いざらい説明すると誤解を招く可能性があるので適当に話をあわせて対応しよう」といった発想で対応を進めるのは論外です。目の前のクレームは氷山の一角です。隠ぺいや嘘による対応は、その後の企業や事業の命運を左右しかねない重大な悪影響を生じさせかねません。

また、積極的に隠ぺいや嘘に基づく対応を行ってはいけないのは当然ですが、注意しなければならないのは、実際には正直かつ真面目に対応していたとしても隠ぺいや嘘に基づく対応を行っているとの誤解を抱かれないようにすることです。クレーム対応の相手は企業や事業者に対する不信感を抱いています。

新刊のご案内

2014年7月
（2014年2月～2014年7月刊行分）

民事法研究会

http://www.minjiho.com/
【最新の図書目録はホームページ上でダウンロードできます】

話題の新刊・近刊

7月刊 金融円滑化法後の経済状況を俯瞰したうえで実務のあり方を検証・解説！

あるべき私的整理手続の実務（仮）

Ａ５判・約510頁・予価 本体5000円＋税　事業再編実務研究会 編

7月刊 企画・開発から販売までの工程に沿って、小売・製造現場での課題を簡潔に解説！

Q&Aプライベート・ブランドの法律実務

Ａ５判・約280頁・予価 本体2200円＋税　市毛由美子・大東泰雄・西川貴晴・竹内千春 著

6月刊 実際例の分析・検討をとおして信託目録の作成基準を示し、実務指針も探究！

信託目録の理論と実務——作成基準と受益者変更登記の要点——

Ａ５判・約450頁・予価 本体4000円＋税　　　渋谷陽一郎 著

6月刊 実務、事務所運営の効率化の心構えから実践例、ＩＴツールやサービスまで詳解！

ゼロからわかる司法書士業務効率化実現マニュアル

Ａ５判・約330頁・定価 本体2800円＋税　小林亮介・久松秀之 著

6月刊 不祥事事例から課題を分析し、ガバナンス実現の方法を具体的に示す！

スポーツガバナンス実践ガイドブック

Ａ５判・約290頁・定価 本体2700円＋税　スポーツにおけるグッドガバナンス研究会 編

6月刊 障害者権利条約、障害者差別解消法、障害者雇用促進法などを新規収録！

後 見 六 法〔２０１４年版〕

Ａ５判・664頁・定価 本体3800円＋税　公益社団法人成年後見センター・リーガルサポート 編

6月刊 高齢者虐待防止法施行後の実務の運用を踏まえて大幅改訂！

高齢者虐待防止法活用ハンドブック〔第2版〕

Ａ５判・266頁・定価 本体2300円＋税　日弁連高齢者・障害者の権利に関する委員会 編

6月刊 信託登記の構造を学説・判例・先例・実例等をとおして詳解し、あるべき実務に論及！

信託登記の理論と実務〔第3版〕

Ａ５判・561頁・定価 本体5400円＋税　藤原勇喜 著

6月刊 地域ユニオン（合同労組）との交渉のノウハウをQ&A形式でわかりやすく解説！

これで安心！地域ユニオン（合同労組）への対処法 —団交準備・交渉・妥結・団交外活動への対応—

Ａ５判・234頁・定価 本体2200円＋税　廣上精一・三上安雄・大山圭介・根本義尚 著

6月刊 平成15年以降の名誉毀損判決を一冊に集積し、法政策を理論・実務の視点から分析・解説！

名誉毀損の百態と法的責任 —判例分析からみる法理と実務—

Ａ５判・390頁・定価 本体3700円＋税　升田純 著

5月刊 最新判例や精神疾患による労災認定基準やセクハラ指針等を織り込み全面改訂！

職場のいじめ・パワハラと法対策〔第4版〕

Ａ５判・362頁・定価 本体3000円＋税　水谷英夫 著

5月刊 臓器移植法、精神保健福祉法などの改正法令・ガイドライン等に対応！

実務 医事法〔第2版〕（実務 医事法講義 改題）

Ａ５判・827頁・定価 本体6600円＋税　加藤良夫 編著

5月刊 破産・個人再生・任意整理から小規模企業の民事再生、破産管財業務まで網羅！

事例に学ぶ債務整理入門 —事件対応の思考と実務—

Ａ５判・414頁・定価 本体3600円＋税　債務整理実務研究会 編

4月刊 司法書士として知っておきたい破産法の知識を法令・判例を織り込んで解説！

司法書士のための破産の実務と論点

Ａ５判・259頁・定価 本体2600円＋税　古橋清二 著

そのようなときに、一度でも、相手から「あれ？ 誤魔化していないか？」とか「あれ？ 嘘じゃないか？」とか「あれ？ 適当なことを説明して事実を隠ぺいしようとしているのではないか？」という印象をもたれてしまうと、その後、企業や事業者から何をどのように説明しようと相手が信じてくれないという事態を招きかねません。ちょっとした誤解がクレーム対応の解決を困難なものにしていきます。

　そのため、クレーム対応を解決に導くためには、隠ぺいと嘘は徹底的に排除し、隠ぺいや嘘に基づく対応を行っているという疑念をもたれないようにしなければなりません。このような疑念をもたれるのを防止するための方法は１つしかありません。確認した事実経緯や調査結果に基づき、誠意をもって事実を丁寧かつ十分に説明することです。

②　あくまで法律の範囲内での解決をめざすこと

　対応策の決定の際に絶対に行ってはいけないことの２点目は、法律の範囲外での解決をめざすことです。日本は法治国家ですので、法的な枠組みの中で解決しないと、その後の解決策を失うことになります。法律は法律の範囲内で行動する者に対しては救いの手を差し伸べますが、法律の範囲外で行動する者に対しては救いの手を差し伸べることもなければ、助力をすることもありません。都合の良いときだけ法律を使うことはできないのです。一度、法律の範囲外での解決を行ってしまった場合には、今度、自分が法律を盾にして、解決をめざしても法は力を貸してくれることはないのです。

　たとえば、民法708条（不法原因給付）は「不法な原因のため

に給付をした者は、その給付したものの返還を請求することができない。ただし、不法な原因が受益者についてのみ存したときは、この限りでない」と規定しています。この条文は「クリーンハンズの原則」の現れであると説明されています。「クリーンハンズの原則」というのは私法典に明確な規定があるわけではありませんが、法を守る者だけが法の尊重・保護を求めることができるという原則で、「権利の行使及び義務の履行は、信義に従い誠実に行わなければならない」と規定する民法1条2項（信義誠実の原則）が導く1つの法理であると考えられています。

　クレーム対応に関する裁判例ではありませんが、実際の裁判例でも、労働金庫の会員ではない者に対する貸付行為（員外貸付）が有効か無効か争われた事件で、最高裁判所は、員外貸付は無効としつつも、だからといって員外貸付による債務の担保として設定した抵当権が実行されて、抵当物件が競落されてしまったような場合は、債務者は「員外貸付は無効だから、担保として設定していた抵当権やその抵当権による競落も無効だ」とは信義則上いえないとした裁判例があります（最高裁判所昭和44年7月4日判決（最高裁判所民事判例集23巻8号1347頁）参照）。

　クレーム対応を行うにあたっての拠り所は法律です。自らが法律を無視した対応を進めてしまったのでは、後になって法律に基づく救済や権利の実現を求めたとしても、法は味方してくれません。ですので、当初よりクレームに対しては法律の範囲内でしか対応することはできないという姿勢を貫徹して、対応

策を検討していく必要があるのです。

③ 事故を事件にしないこと

　対応策の決定の際に絶対にやってはいけないことの3点目は、事故を事件にしないことです。事故と事件は1文字しか違いませんが、全く異なる概念です。クレームの発生自体は単なる事故であることが多いのです。しかし、クレームへの対応方法を間違ってしまうと、単なる事故が事件として取り上げられて、無数のクレームを引き起こしてしまう可能性が出てきます。たとえば、事故の原因を説明する態度が悪くて、その態度に対して2次クレームが発生して、それにマスコミが着目して、世論が湧きあがってしまい、事件に発展していってしまうようなケースを新聞やニュースで見聞きすることもあると思います。これらは事故を事件に発展させてしまったケースです。

　そもそも、事故は企業や事業者が事業を運営している限りは不可避的に生じるものです。どんなに注意して思慮深く行動したり事業を運営したりしていても、どうしても事故は生じてしまいます。しかし、事件は人が故意または過失によって起こす「人災」です。単なる事故を事故のままで解決しなかったために、単なる事故が事件に発展していってしまうのです。事故であれば簡単に解決できたかもしれないのに、事件に発展させてしまったために、簡単に解決することができず、事態が紛糾して解決困難な状況まで至ってしまうことがあるのです。そして、そのような事態を招いているのは、事故と事件の違いを理解したうえで、事故を事件に発展させないという強い意志に基づいた対応を進めることができるか否かです。そのため、クレームへの対応策を検討するに際しても、単なる事故を事件に発展さ

せないようにするという姿勢で検討を進めることが必要なのです。

(2) 対応策決定の基本方針（3つの観点）

　対応策を決定するに際して検討すべき観点は「法的な観点」、「道義的な観点」、「戦略的な観点」の3つです。これら3つの観点を順に検討しながら、対応策を決定していきます。

① まずは「法的な観点」からの検討を行うこと

　嫌がらせや愉快犯を除けば、企業や事業者、あるいは商品やサービスに何らかの問題がなければ、クレームは発生しません。そのため、現実的にクレームが発生しているということは、少なくとも相手の気分を害する何らかの出来事が発生していることがほとんどです。相手の主張するクレームが発生した原因や事実関係の調査をしていくと、企業や事業者に「ミス」があったことが発覚することも少なくありません。しかし、法的な観点からすると、調査の結果「当社にミスがあった」と考えられる場合であっても、直ちに「当社に責任があった」という結論になるわけではありません。法的な観点から「ミス」と「責任」は直接的に結びつくわけではないからです。

　そして、企業や事業者が真摯に対応を行うべきクレームは、企業や事業者に「法的責任」が認められる場合です。それ以外のクレームは、法的な観点からすれば、企業や事業者に対応すべき義務が存在しないことになります。また、一見クレームのように聞こえたとしても、単なる商品やサービスに関する問合せの場合も数多く存在します。ですので、クレームへの対応策を検討するに際しても、この「法的にみて責任が認められるか

否か」が重要な判断の基準になるのです。逆に、法的にみて企業や事業者に責任が認められない場合には、道義的な観点あるいは戦略的な観点から対応を行うべきかどうかというビジネスジャッジが必要になります。

　たとえば、目の前にクレームを主張している相手がいるとします。相手は「そちらで購入した商品が火を噴いた！　それでひどい火傷を負った！　どうしてくれるんだ！」と血相を変えて怒り心頭に発した状態になっています。相手は怒鳴りながら、自分が被った損害や被害に関する話をしています。よくよく相手の話を聞いたうえで十分に原因を調査したところ、商品自体の欠陥ではなく、相手の商品の使用方法に問題があったという場合があります。「商品自体に欠陥があった」場合には、企業や事業者に「法的な責任が認められる場合」となりますが、「商品自体に欠陥はなく、相手の使用方法が悪かっただけであった」場合には、企業や事業者に「法的な責任が認められない場合」になります。「法的な責任が認められる場合」には、相手が被った損害（代金の返還や商品の交換のほか、治療費や通院交通費や診断書取得料や入院慰謝料など）を支払わなければなりません。それに対して「法的な責任が認められない場合」には、相手が被った損害を賠償する必要はありません。

　このように同じく目の前で怒鳴っている相手であっても、「法的な責任が認められる場合」か「法的な責任が認められない場合」かによって、その後に行うべき対応は全く異なってきます。そのためクレームを見極めて、法的な責任の所在を明らかにすることが、対応策を決定するための第一歩なのです。

第2章　9　対応策の決定①（全体の方向性）

149

あくまで、「法的な責任の所在」と「法的な責任の範囲」を明確にしたうえで、今後の対応を検討していくことが基本的なスタンスになります。そのうえで、「道義的な観点」と「戦略的な観点」からの検討を加えて、最終的な対応策を決定していくという流れになります。

　具体的には、「法的な観点」からみて「責任の所在」を明確にしたうえで、かりに、企業や事業者に法的責任が認められる場合には、今度は、企業や事業者にどの程度の責任が認められるのか、「責任の範囲」を検討していくことになります。

　「法的な観点」から責任が認められる場合にもかかわらず、企業や事業者がそれに従った対応をしなかった場合には、相手から裁判を提起された場合に、企業や事業者が敗訴する可能性は極めて高くなります。相手から裁判を起こされたにもかかわらず、放っておくと相手の主張が認められ、裁判所を通じて強制的に相手の主張が実現されることになります。クレーム対応が紛糾してこのような事態に陥った場合には、時間、労力、費用の観点から企業や事業者の損害が拡大することになります。このような事態を防ぐためにも「法的な観点」から「責任の所在」を明らかにして、企業や事業者に責任がある場合には「責任の範囲」を明らかにするという流れを理解していただきたいと思います。

②　次に「道義的な観点」からの検討を行うこと

　ほとんどの企業や事業者は、自分の運営する会社や事業に一定の理念や方針をもっていると思います。「法的な観点」からは責任が認められず、具体的な対応を行う必要がなかったとし

ても、道義的にみると一定の責任を負ったほうが望ましいと考えられる場合や、倫理的にみると何らかの対応策を検討したほうが良い場合もあると思います。

そもそも法律というのは人が社会生活を営んでいくための道徳や倫理といったものを規範として定めたものです。そうであれば、法律に定められていなかったとしても、自分たちや自社の道徳観や倫理観から考えると、何らかの対応をしたほうがよいと判断される場合に、企業や事業者自らが積極的な対応を進めていくことは望ましいことです。すべての企業や事業者はその事業や活動を通じて社会に貢献していく使命があると考えています。そのためには、より良い社会の実現をめざして、積極的に対応を検討していくことこそが、ひいては企業や事業の存在意義をさらに高めることにつながるのです。

なお、「道義的な観点」から対応を行う場合であっても、あくまでも前提となるのは「法的な観点」です。「法的な観点」から考えられる責任の有無や責任の範囲を前提として、対応を行うようにしてください。たとえば、企業や事業者から相手に対して「法的にみれば当社には責任はないと考えているが、今回に関しては、○○という対応を行う」とか、「法的にみれば当社には○○を行うまでの必要はないとは考えているが、ご迷惑をおかけした点を考慮して、今回に関しては、○○という対応をとらせていただきます」とか、「法的な観点から責任の所在は訴訟にならなければ判明しないものの、早期に解決するという意味で、今回は○○の対応を行う」といった形で、対応を進めるにあたっては法的な責任の所在をしっかりと伝えながら

対応を進めていくことが必要です。

③ 加えて「戦略的な観点」からの検討を行うこと

まず、時間・労力・費用といったコスト面に配慮して「戦略的な観点」から対応を行ったほうが望ましい場合があります。たとえば、法的責任がある場合についても、対応を否定して相手から訴訟を提起された場合のリスクを検討します。原則として、1回の審理で結審してしまう少額訴訟という制度もありますが、通常訴訟の第一審は短く見積もっても半年から1年程度の時間を要することになります。その間、訴訟の当事者として、訴訟の攻撃防御に要する手間暇や労力の負担は軽いものではありません。また、弁護士に依頼して訴訟対応を行うとするとそれに要する弁護士費用も相応にかかります。そうだとすれば、費用対効果を勘案して多少謝罪金を支払ったとしても、戦略的な観点から訴訟を回避するという選択肢も検討すべきです。このように、時間・労力・費用といったコスト面から戦略的に検討を行うことが必要です。

次に、企業や事業者に法的な責任がない場合であっても、ビジネス上の「戦略的な観点」からの対応を検討すべき場合があります。その場合の考慮要素は「対応を行うことが企業や事業の成績や社会的評価を向上させるか否か」です。たとえば、「購入した商品にちょっとした汚れがついていただけなのに商品の交換に応じてくれた」とか、「サービスの提供がよくなかった。伝えようかどうしようか迷ったけれど、勇気を出してそれを伝えてみたら、次回使える無料券をくれた。ここまでの対応をしてくれるとは思わなかったので感動した」といった形で相手が企業や事業者に抱いている悪感情を良感情に変えていく

ことができる場合があります。相手をこちらのファンに変えることができるかもしれませんし、このような良い評判が多くの顧客に伝播していくことも期待できるかもしれません。このように、相手の立場に立って親身に対応したり、法的な責任はなくても企業や事業のイメージアップ効果を狙ったりして「戦略的な観点」から対応策を検討することも必要な視点です。

(3) 3つの観点から導き出した対応策のそれぞれにデッドラインを設定する

「法的な観点」、「道義的な観点」、「戦略的な観点」の3つの観点で検討を加えた後に、それぞれのデッドラインを決める必要があります。デッドラインというのは、クレーム対応に関する話合いを行うに際しての、企業や事業者が最終的に譲歩可能なラインのことです。

相手と企業や事業者の言い分が食い違って話合いでの解決ができずに、クレーム対応がこじれた場合には、訴訟手続による解決を視野に入れなければなりません。すでに説明したとおり、通常の第一審の訴訟手続は短く見積もっても解決まで半年から1年近くの時間がかかるのが一般的です。複雑な訴訟であればあるほど、審理に時間がかかり、場合によっては1年半から2年近くの時間を要することもまれではありません。

そのため、3つの観点から検討した後に、「この内容で理解してもらえないのであれば訴訟も辞さない」というデッドラインを設定する必要があります。「法的な観点」から対応を検討したけれども、相手がこれ以上求めるのであれば訴訟になっ

てもやむを得ないとか、「道義的な観点」から対応できるのはここまでで、相手がこれ以上を求めるのであれば対応はしないとか、「戦略的な観点」から今回は商品の交換に応じるけれども、相手がこれ以上を求めるのであれば対応はしないといった、最後の一線を明確にする必要があります。

　この一線を決めるという判断が難しい場合には、ぜひ、弁護士に相談していただきたいと思います。弁護士は事実認定や法的判断に長けていますし、職務上の訴訟活動を通じて多くの経験やノウハウを蓄積しているので、必ずや有益なアドバイスをもらえます。

[図2-9] 3つの観点から検討を

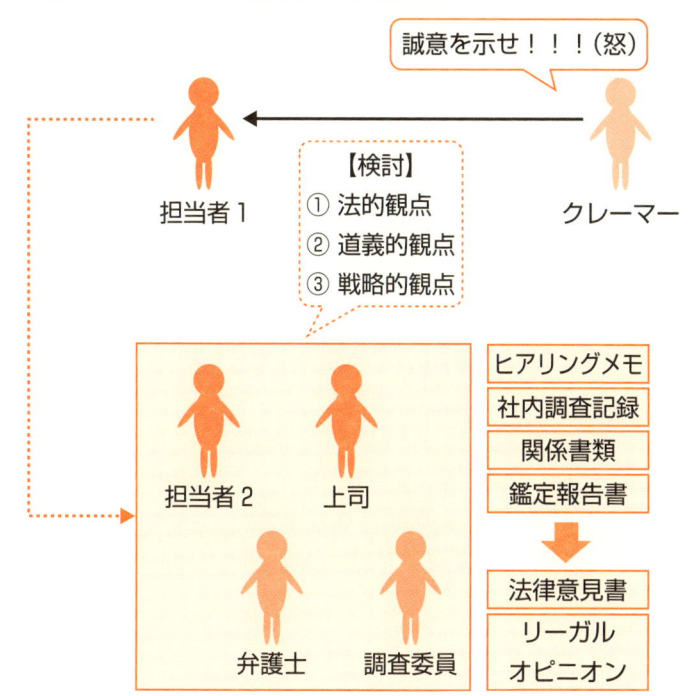

誠意を示せ！！！(怒)

担当者1　　クレーマー

【検討】
① 法的観点
② 道義的観点
③ 戦略的観点

担当者2　上司
弁護士　調査委員

ヒアリングメモ
社内調査記録
関係書類
鑑定報告書
↓
法律意見書
リーガルオピニオン

155

10. 対応策の決定②（内容）

(1) まずは法的責任を考える

　「法的観点」、「道義的観点」、「戦略的観点」の３つの観点から検討していきますが、順番があります。最初に「法的観点」からの検討を加えることが必要です。

　すなわち、「法的観点」から「法的な責任が認められる場合」には損害賠償等の具体的な対応を行う義務があります。他方で「法的な責任が認められない場合」には必ずしも損害賠償等の具体的な対応を行う義務はありませんが、「道義的観点」、「戦略的観点」から対応を講じたほうが望ましいと考えられる場合があります。その分水嶺は「法的な責任が認められる場合か否か」です。

　そこで、まずは「法的な責任」としてどのような責任が認められ得るかについて概要を説明します。

① 契約責任

　クレーム対応の場面で契約責任を考えるに際しては、企業や事業者に「債務不履行」に該当する事由がなかったかを確認する必要があります。債務不履行責任というのは、契約関係にある当事者間に生じた損害を賠償しなければならないという責任です。

　たとえば、［図２―10―１］（契約責任）をご覧ください。こ

れは、お店から商品を購入した客が商品を使用していたところ、突然、商品が火を噴いて客がけがをしたようなケースで、それによって被った損害の賠償として代金の返還を求めているケースです。お店と客の関係は商品に関する売買契約（民法555条）です。売買契約は、当事者の一方（客）が他方（店）から物を購入し、当事者の一方（客）が他方（店）に対して、物の代金を支払うという合意を前提として成立します。このケースの場合でも、お店は客に対して欠陥のない商品を引き渡さなければならない義務を負っていたのに、欠陥のある商品を引き渡してしまったために、事故が生じてしまいました。そのため、お店には「完全な物を引き渡す」という債務に違反した債務不履行が存在しています。

　［図2－10－1］（契約責任）は、売買契約（民法555条）に関する債務不履行の話でしたが、契約には、民法典の規定する贈与契約、売買契約、交換契約、消費貸借契約、使用貸借契約、賃貸借契約、雇用（雇傭）契約、請負契約、委任契約、寄託契約、組合契約、終身定期金契約、和解契約といった13種類の契約のほかにも、当事者の合意によってさまざまな内容の契約が存在しています。当事者間の契約がどのような内容かによって、企業や事業者が負担する債務もさまざまです。そのため、具体的にどのような形で契約責任が生じるかについてはクレームのもとになった契約関係に応じてさまざまなので、個々の状況を踏まえた判断が必要になります。クレーム対応の方向性を決めるためにも、相手が主張しているクレームが、企業や事業者の債務不履行に基づいて発生しているものか否かを確認することが重要になります。

[図2―10―1] 契約責任

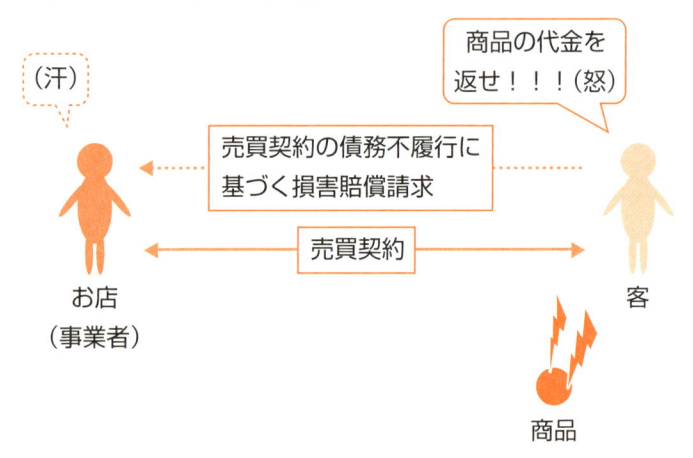

商品の代金を返せ！！！(怒)

(汗)

売買契約の債務不履行に基づく損害賠償請求

売買契約

お店（事業者）　　　客

商品

② **不法行為責任①（一般）**

次に、不法行為責任を検討する必要があります。不法行為責任というのは、契約関係にない第三者に生じた損害を賠償しなければならないという責任です。具体的には、民法709条（不法行為による損害賠償）において「故意又は過失によって他人の権利又は法律上保護される利益を侵害した者は、これによって生じた損害を賠償する責任を負う」と定められています。たとえば、歩行者が走行中の自動車にひかれたとします。この場合に歩行者と自動車の運転者には何の契約関係もありません。しかし、一方的に自動車にひかれた歩行者は大きな損害を被ることになります。このように不法な行為によって第三者に損害を及ぼした者（運転者）がいる場合に、損害を被った者（歩行者）が、損害を与えた者（運転者）に対して民法709条（不法行為による損害賠償）の規定に基づいて、損害の賠償を請求することが認められています。これが不法行為に基づく損害賠償の

制度です。

[図2―10―2]（不法行為責任）をご覧ください。これは、お店から商品を購入した人が、友人にその商品を貸したところ、友人の手元にあった商品が火を噴いて友人がけがをしたようなケースですが、友人とお店の間には契約関係はないので、友人はお店に対して不法行為に基づくクレームの主張を行っていくことになります。不法行為に基づく損害賠償請求が認められるためには、①相手の権利または相手に法律上保護される利益が存在すること、②相手に損害が発生していること、③企業や事業者の故意または過失に基づき①を侵害する行為があったこと、④①から③の因果関係といった要件が存在する必要があります。契約関係にない第三者から企業や事業者に対するクレームが発生し、そのクレームに対する責任が企業や事業者に認められるかについては、個々具体的な事情のもと、上記①から④の要件が存在するのかを検討しながら見極めていく必要があります。

③ 不法行為責任②（製造物責任）

続いて、製造物責任を検討する必要があります。製造物責任法（PL法）は「製造物の欠陥により人の生命、身体又は財産に係る被害が生じた場合における製造業者等の損害賠償の責任について定めることにより、被害者の保護を図り、もって国民生活の安定向上と国民経済の健全な発展に寄与することを目的」（製造物責任法1条）とした法律で、製造業者等は、引き渡した製造物の欠陥により他人の生命、身体または財産を侵害したときは、これによって生じた損害賠償をする責めに任ずるとしています。

[図2―10―2] 不法行為責任

（汗）
お店（事業者） ←―売買契約―→ 客

慰謝料を払え！

不法行為に基づく損害賠償請求

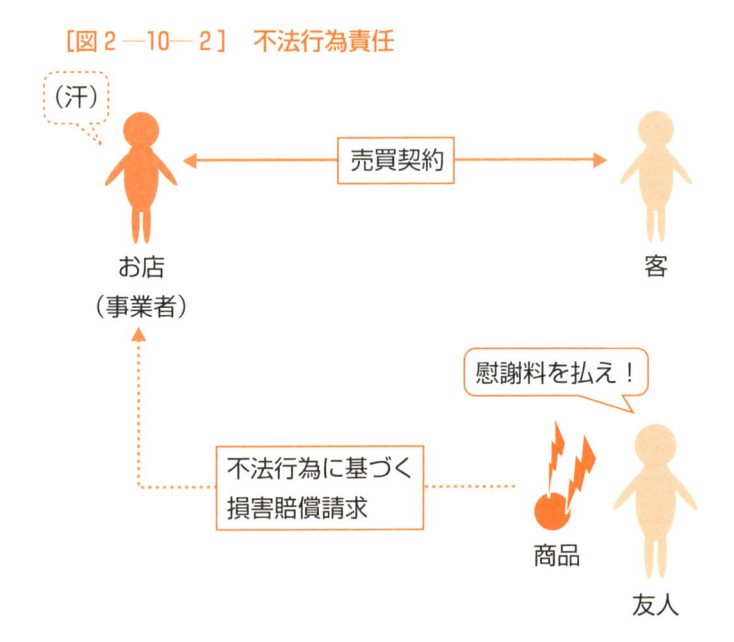

商品

友人

　[図2―10―3]（製造物責任）をご覧ください。これは、お店から商品を購入した客が商品を使用していたところ、突然、商品が火を噴いて客がけがをしたようなケースです。客が商品の製造を行っているメーカーに対して損害賠償を請求しています。客とメーカーの間には契約関係はないので、契約責任を追及することはできません。それだと被害者の救済を図ることができないため、客は製造物責任法（PL法）に基づいて、メーカーに対して責任を追及しているのです。

　損害賠償責任を追及する場合、民法の不法行為法における一般原則によると、要件の1つとして加害者に故意・過失があっ

たことにつき被害者側が証明責任を負います。つまり、クレーム対応の場合には、クレームを主張する側が、クレームを主張される側の過失を立証しなければならないとされています。ただ、実際には、この過失の証明は容易ではなく、過失の証明が困難であるために損害賠償を得ることができないという問題がありました。そこで、製造物責任法は製造者の過失を要件とせず、製造物に欠陥があったことを要件とすることで、損害賠償責任を追及しやすくしています。

[図2―10―3] 製造物責任

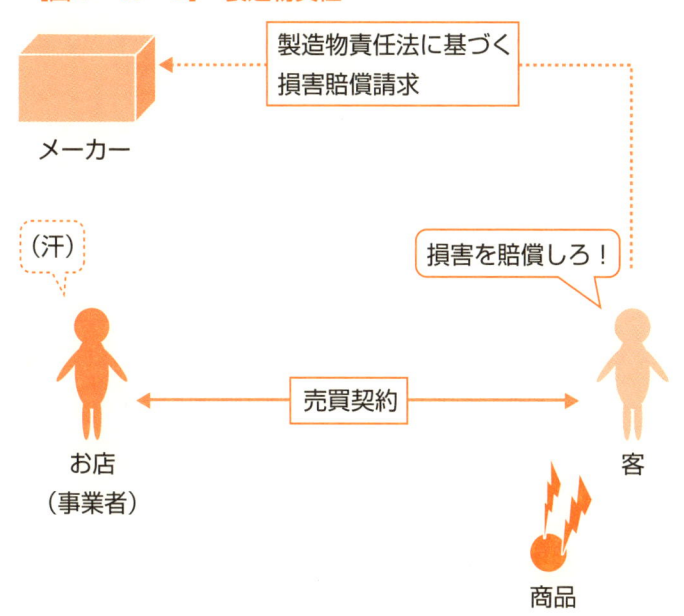

製造物責任法に基づく損害賠償請求

メーカー

（汗）

損害を賠償しろ！

お店（事業者） ← 売買契約 → 客

商品

④ 不法行為責任③（使用者責任）

続いて、使用者責任を検討しなければならない場合がありま

す。使用者責任というのは、ある事業のために他人を使用する者（使用者）が、被用者がその事業の執行について第三者に損害を加えた場合にそれを賠償しなければならないとする使用者の不法行為責任のことをいいます（民法715条1項本文）。なお、使用者に代わって事業を監督する者も使用者としての責任を負うとされています（民法715条2項）。

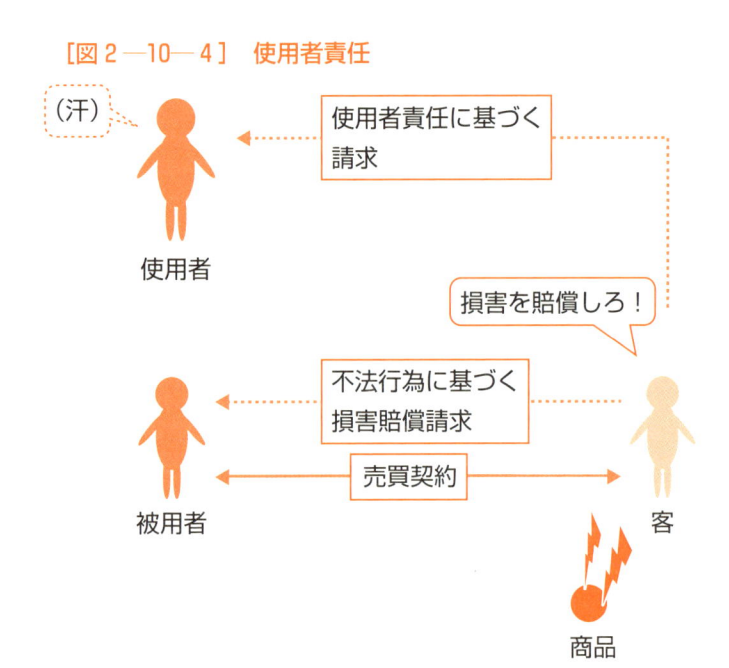

[図2—10—4] 使用者責任

```
 (汗)
  使用者 ←……… 使用者責任に基づく請求 ………┐
                                              │
                                     損害を賠償しろ！
                                              │
  被用者 ←……… 不法行為に基づく損害賠償請求 ……┤
         ←——— 売買契約 ———→                  客
         商品
```

⑤ 説明責任

加えて、企業や事業者には、顧客に対して一定の範囲で説明義務を尽くさなければならない場合があると考えられています。説明義務を尽くさないこと自体に責任が発生する場合があるの

です。

　たとえば、弁護士や医師などの専門家が業務を受任するにあたって、その内容について顧客等に十分に説明する責任（説明義務）が規則等に規定されていたり、判決で説明義務があるとされたりしたことがあります。弁護士に関しては、弁護士職務基本規程29条（受任の際の説明等）に「弁護士は、事件を受任するに当たり、依頼者から得た情報に基づき、事件の見通し、処理の方法並びに弁護士報酬及び費用について、適切な説明をしなければならない」等とされていますし、医師のように説明義務違反を行ったことについて民法415条や民法709条に基づく損害賠償責任が多くの裁判例で認められています（①広島地裁平成4年12月21日判決（判例タイムズ814号202頁）、②東京地裁平成9年2月25日判決（判例時報1627号118頁）、③甲府地裁平成16年1月20日判決（判例時報1848号119頁）、④東京地裁平成16年1月30日判決（判例時報1861号3頁）、⑤東京高裁平成16年9月30日判決（判例時報1880号72頁）等）。

　企業や事業者は一般消費者に比べて、商品やサービスに関する情報量や知識も豊富なので、弁護士や医師と同様に商品の使用方法やサービスの提供に関する注意点などを十分に説明していなかった場合には、説明義務違反を問われる可能性があります。

　また、説明義務違反は、当初の商品の販売やサービスの提供の場面だけではなく、2次クレーム・3次クレームの大きな発生原因でもあります。2次クレーム・3次クレームの代表例は

「説明不足」です。たとえば、「事故の原因について説明を求めたにもかかわらず十分な説明をしてもらえなかった……」、「経緯の詳細を求めたけれど、きちんと説明してくれなかった……」といった事態が、多くの2次クレーム・3次クレームを誘発しています。

そのため、クレーム対応について「法的な観点」から検討を行う場合には、これまでのクレーム対応の過程に企業や事業者の説明や対応に不十分な点がなかったか否かについて確認をしながら説明義務違反を問われないかを検討する必要があります。

⑥ その他

上記の①から⑤以外にも、特定商取引に関する法律（特定商取引法）、割賦販売法、不当景品類及び不当表示防止法（景品等表示法）、電気用品安全法、個人情報の保護に関する法律（個人情報保護法）等の各種法令や規程に関して違反がないかの検討を進めていく必要があります。たとえば、食品表示に関しては、食品衛生法、農林物資の規格化及び品質表示の適正化に関する法律（JAS法）、健康増進法、米穀等の取引等に係る情報の記録及び産地情報の伝達に関する法律（米トレーサビリティ法）などによって消費者が安全・安心に食料を手にすることができるような表示の規格や基準や内容が規定されています。企業や事業者がこれに違反した場合には、監督官庁から処分を受ける場合もあります。それ以外にも、企業や事業者は、各種法令や規程に従って、法令を遵守しながら運営を行っていくことが求められているので、クレーム対応の過程で各種法令や規程に違反した点がないかを確認しながら検討を行う必要があります。

(2) 企業や事業者に法的責任がある場合

「法的な観点」に基づいた検討を行った結果、企業や事業者の側に何らかの法的責任が認められる場合には、企業や事業者の側で解決策を提示していきます。具体的にどのような内容の解決策を提示すべきかについては、法的責任の所在や法的責任の範囲に応じてさまざまです。そのため、いつ、どのような解決策を講じていくことが得策かについては、個別の事例に応じた検討が必要ですが、ここでは、どのような解決策の中から具体的な対応を行っていくべきかについて一般的な説明をします。

① 解決策①（修理、交換、代金返却）

商品に関するクレームの場合には、商品の修理や交換といった対応が考えられます。商品に欠陥があって商品を購入した目的が達成できないような場合には、商品の修理や交換を行うことで相手も溜飲を下げることが期待されます。ただ、企業や事業者が商品の修理や交換を行うことを申し出ても、相手がこれに応じない場合があります。相手から「商品の修理や交換なんてしなくてもよい。もうこの商品にはかかわりたくないから、商品を購入した際の代金を返してほしい」と言われた場合には、商品の代金の返還を行うことになります。

② 解決策②（金銭賠償）

クレームに対して、金銭賠償を行う場合には、金銭的評価をどのように行うかが重要になってきます。「損害」というのは「権利侵害」という言葉に置き換えることができます。「損害」については、財産的な損害、精神的な損害、実際の損害、将来の損害といった分け方がなされます。精神的な損害は一般的には慰謝料というものです。慰謝料については、うつ病や

PTSDといった主張がなされることがあります。うつ病は、精神障害の一種で、抑うつ気分、意欲・興味・精神活動の低下、焦燥(しょうそう)、食欲低下、不眠などを特徴とする精神疾患のことです。また、PTSDは、Post traumatic stress disorderの略語で、心的外傷後ストレス障害と訳されています。たとえば「企業や事業者から購入した商品に欠陥がありクレーム対応でひどい対応を受けてうつ病に陥った。現在も心療内科に通っているので医療費や通院費を負担してほしい。また、それに対応した精神的苦痛についても金銭賠償してほしい」、「企業や事業者から提供を受けたサービスがひどくて、鬱々とした日を過ごしていたが、心療内科に通院したら、PTSDと診断された。賠償してほしい」などさまざまな場合があります。これらの主張は他覚所見が認められないため、はたして損害として認識し得るのかが問題になるので、専門的な視点での法的な判断が必要になります。

　そのため、相手からこのような話が出た場合には、まずは診断書や通院記録を確認したうえで、相手の主張するクレームのもととなった事象と相手の主張する精神的な損害とが相当因果関係があるかを確認して、弁護士等の専門家の見解を聞きながら法的な責任の有無の見極めを行っていくことが必要になります。その際には、実際に訴訟になった場合に、裁判所が判決でどの程度の損害を認めるかといった、相手の主張の成否、証拠の強弱といった総合的な観点が必要になってきます。最終的に損害が認められてしまう場合にいくらの損害が認められるのか、他方で、裁判にかかる費用や労力や時間や精神的な負担はどの程度になるかを比較考量して、線引きを行いながら検討を進め

ていく必要があります。

③ 解決策③（見舞金・解決金）

クレームに対する解決策として「見舞金」や「解決金」といった名目で相手に金銭を支払うことでクレームを収束させることをめざす場合があります。相手に「見舞金」や「解決金」を支払って解決するのは、当事者双方の責任の有無や責任の範囲を明確に確定する作業を行うことなく、解決するための方策です。相手が主張しているクレームが話合いで解決できずに、訴訟に発展した場合に、お互いにかかる労力や費用や時間や精神的な負担を考慮しながら、一定の見舞金や解決金を支払うことで解決を図ります。一見すると、企業や事業者の側にも一定の法的責任は生じるようにみえるものの、それを白黒つけるためには、相当の費用をかけて専門機関で調査を行わなければならないような場合などには適した方法の場合もあると思います。確かに、このような解決も紛争の早期解決という局面では一定の理はあるのですが、いわゆる「ごね得」や「便乗クレーマー」を誘発する可能性があるので、解決策として判断する際には慎重な検討が必要になります。

④ 保険の活用を検討する

解決策を検討するに際して、保険の活用ができないかも検討してください。たとえば、企業や事業主が製造物賠償責任保険（PL保険）や施設賠償責任保険、請負業者賠償責任保険、店舗賠償責任保険などに加入している場合には、保険会社の見解を確認しながら対応を進めていくことも必要になってきます。企業や事業者が加入している保険の内容によっては、相手の主張する損害が保険会社からの保険金の支払いによっててん補されることもあり得るからです。

⑤ 監督官庁への報告や届出

クレームが商品の欠陥などの場合には、監督官庁から許認可を受けている業種業態では、監督官庁に対して事故報告届等を行う必要があります。このような事故報告届の提出に際して注意すべきなのは、報告の中で嘘や隠ぺいを行わないようにすることです。虚偽の報告や事実を隠ぺいした報告を行ってしまい、それが発覚して、かえって多くのクレームが発生し企業や事業の命運が危ぶまれた事案も枚挙に暇はないので、事実を的確に報告する必要があります。

⑥ 自社のホームページでの謝罪や呼びかけ

クレームの内容によっては、さらなる事故やトラブルの防止のために、自社のホームページに謝罪文を掲載したり、自社のホームページ上で再発防止策を掲示したりといった対応も必要になってきます。ただし、謝罪文の内容や再発防止策の掲示方法によっては、さらなるクレームを誘発することにもなりかねません。どのような文言を掲示するかについては、危機管理や広報法務（リスクマネジメント）の経験が豊富な弁護士やコンサルタント等に相談しながら進めていかれるのが望ましいと思います。

⑦ 記者会見やマスコミを通じてのプレスリリース

自社のホームページでの謝罪や再発防止策の掲示に加えて、さらに一歩進んだ情報開示を行うことも検討が必要です。具体的には、記者会見やマスコミを通じてプレスリリースを行う必要があります。記者会見での説明内容やその後の報道のされ方によって、記者会見やプレスリリースを行ったことが仇になる場合も少なくありません。そのため、危機管理や広報法務（リスクマネジメント）の経験が豊富な弁護士やコンサルタント等

に相談しながら進めていかれるのが望ましいと思います。

(3) 企業や事業者に法的責任がない場合

「法的な観点」に基づいた検討を行った結果、企業や事業者の側に何らかの法的責任が認められない場合の基本的な対応は、相手の請求を拒絶することです。企業や事業者に法的な責任がない以上は、相手の請求に対応する必要もないからです。

ただし、先に述べた「道義的観点」や「戦略的観点」から対応を行う必要がある場合には、その対応について検討していきます。対応を行うとしても、それが先例になる可能性がありますし、その後生じうるレピュテーションリスクも検討する必要があろうかと思いますので、具体的な内容を決定する際には、それらの視点を考慮したうえで決定する必要があります。

[図2―10―5] 3つの観点から順に対応の要否を検討する

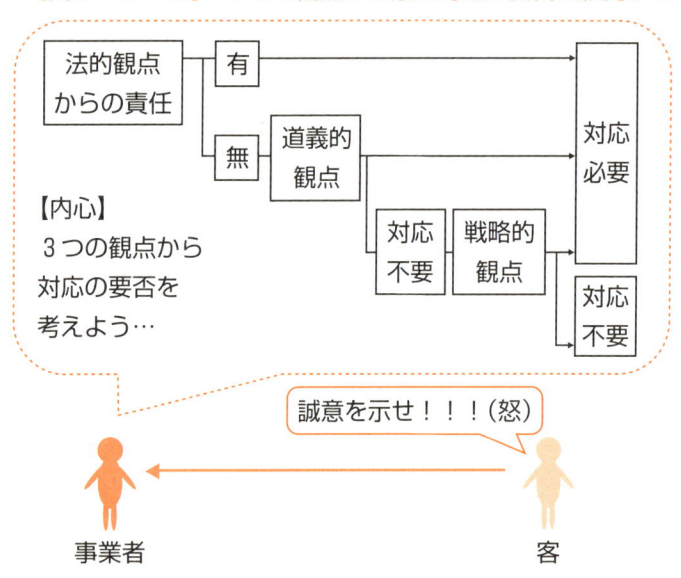

法的観点からの責任 → 有 → 対応必要
　　　　　　　　　無 → 道義的観点 → 対応必要
　　　　　　　　　　　　　　　　　→ 対応不要 → 戦略的観点 → 対応必要
　　　　　　　　　　　　　　　　　　　　　　　　　　　　　→ 対応不要

【内心】
3つの観点から対応の要否を考えよう…

誠意を示せ！！！（怒）

事業者　　　客

11. 対応①（交渉）

　対応策が決定した場合には、「第1章　クレーム対応の心掛け」で説明した点に注意しながら、相手との話合いを進めていくことになります。その際に、下記の点にも注意してください。

(1) 話合いの段階を意識しながら進めていくこと

　対応方針が決まった後は、相手と話合いを行っていくことになります。相手との話合いには、①担当者レベルでの話合い、②担当部署長レベルでの話合い、③経営者レベルでの話合い、④弁護士に依頼しての話合い等さまざまなバリエーションがあります。そして、もし相手との話合いがまとまらない場合には、仲裁手続など裁判外の紛争解決機関の利用の可否、調停手続や訴訟手続といった裁判上の手続の利用の可否を視野に入れて対応を検討していかなければなりません。このように話合いの段階やステージを意識しながら相手との話合いを進めていくことが必要になります。

(2) 方針をぶらさないこと

　すでに説明したところですが（第1章「9．クレーム対応の5原則①（一貫性）」参照）、クレーム対応には一貫性が要求されます。そのため、一度、社内で対応策を決定した後は、方針を安易に変更すべきではありません。相手と解決策に関する交渉を行っていると、どうしても一度決めた軸にぶれが生じがちですので、今一度、強く意識して話合いを進める必要があります。

(3) 時間軸に沿ったシミュレーションを

　こちらもすでに説明したところですが（第1章「10. クレーム対応の5原則②（柔軟性）」参照）、一貫性を維持しながらも柔軟な対応を行っていく必要があります。クレーム対応を行う際には、費用対効果という観点に加えて、時間対効果という観点からの検討も必要になります。かりに、クレーム対応が話合いで解決ができずに、裁判上の手続に発展した場合には、時間がかかります。たとえば、通常訴訟であれば解決までに短くても半年、長ければ1年半以上の時間を要することになりかねません。その間、担当者1名または複数名の貴重な時間と労力を訴訟手続の対応に費やさなければなりません。そのため、費用対効果とあわせて時間対効果という観点も踏まえて、柔軟な対応を行うことも必要です。

(4) 意見の対立や価値観の相違が激しい場合

　相手と話合いを進めていても、意見が対立して、解決の途がみえない場合もあるかもしれません。価値観が異なり解決のめどが立たない場合もあるかもしれません。意見の言い合いをしていても仕方がありませんので、相手と話合いが平行線の場合には、話合いのステージを変えて対応を行う必要があります。

　たとえば、弁護士に依頼して交渉を委ねたり、裁判所に調停手続の申立てを行って、第三者を交えての話合いを行ったりすることで、相手と企業や事業者のおかれている状況が変われば、相手の気持や考えも変わるので、話合いのステージを変えた対応を行うことを検討してください。

確かに、調停手続や訴訟手続になると費用や時間や労力はかかりますが、これらの手続では第三者が調停委員や裁判官として間に入って手続が進んでいくので、当事者で話合いを無理に進めるよりも解決が早まる場合も多いのです。そのため、ある一線を区切って相手との間で話合いを進めてもこれ以上の歩み寄りは難しいような場合には、そこから先の話合いを無理に妥協することなく、調停手続や訴訟手続に話合いの場所を変えて解決をめざしていくという姿勢で交渉を進める必要があります。

　ただし、「訴訟もやむを得ない」と判断するに際しては、具体的事案に即して、かりに訴訟になった場合の「勝訴の可能性」、「勝訴までのコスト（費用・時間・手間）」をしっかりと検討したうえで選択を行う必要があります。

⑸　相手に弁護士への相談を促すこと

　あまりにも無理難題をふっかけてくる相手や法的な責任の有無に関して独自の見解を述べる相手がいます。このような相手に対しては、「こちらが弁護士に確認した結果は○○なのですが、どうしてもご納得いただけないのであれば、一度、○○様も弁護士にご相談してみていただけないでしょうか」と申し向けることが功を奏する場合があります。相手が独自の主張に固執しているような場合に、相手が企業や事業者の側の弁護士とは別の弁護士に相談に行けば、その弁護士から諭されて、自分の主張が法的に通らないものだと理解してもらえる場合があります。また、相手が相談した弁護士から早期に解決したほうが相手にとって費用対効果や時間対効果の観点からもメリットが大きいと理解してもらえる場合があります。さらに、相手が弁

護士に依頼して弁護士が交渉相手として登場すれば、無駄な感情論でのやりとりを排除しながら話合いを進めることが可能になります。相手が弁護士に依頼すると「ややこしいことになる」という印象を抱かれるかもしれませんが、クレーム対応の場面では必ずしもそうではなく、むしろ逆の効果を得られる場合も多いのです。

(6) 相手に対する民事上の請求を検討すること

　クレームを主張している相手が、悪質なクレーマーである場合、当方に法的責任がなければ、逆に相手に法的な責任が生じる可能性があります。相手が、執拗な嫌がらせや営業活動の妨害を行ったり、脅迫や恐喝的言動を行ったりする場合もあるからです。そのような場合には相手に対して、企業や事業者の側から債務不存在確認請求訴訟や、仮処分命令の申立てを行うなど、企業や事業者から相手に対して法的な権利行使を検討せざるを得ない場合があります。

　たとえば、相手が「商品を使用していたら火傷をした。慰謝料として30万円を支払え！」と主張して、企業や事業者に対して執拗に請求を続けているようなケースで、相手が訴訟を起こしてきたら対応するという方法もありますが、それ以外にも企業や事業者の側から相手に対して「30万円の支払義務がないこと」を確認してもらうための訴訟（債務不存在確認訴訟）を裁判所に提起するという方法もあります。相手も自分に対して訴訟が提起されたことを知っただけで諦める場合もあるし、訴訟が提起された後は「すべて裁判上の手続の中で対応しますので、そちらで主張してください」と言って、相手からの執拗な現場

174

への介入をシャットダウンすることができます。

　また、企業や事業者の側に法的な責任がないにもかかわらず、相手が頻繁に電話や店舗への訪問を繰り返して迷惑を被っているような場合には、裁判所に仮処分手続の申立てを行うことで、相手の接近を禁止するという方法も効果的です。

(7) 相手に対する刑事手続を並行して進めること

　悪質なクレーマーに対しては、民事上の手続だけではなく、刑事上の手続についても検討する必要があります。クレーム対応の現場で、相手は不平・不満・不信・不安といった企業や事業者に対する悪感情を抱いているので、勢い犯罪的な言動に至ってしまう可能性があります。そのような場合には警察に相談をしながら対応を進めていく必要があります。

　たとえば、相手から脅された場合、相手の行為は脅迫罪（刑法222条）に該当します。相手から義務のない行為を要求された場合、相手の行為は強要罪（刑法223条）に該当します。相手から脅迫とともに金銭の支払いの要求を受けた場合、相手の行為は恐喝罪（刑法249条）に該当します。また、相手が企業や事業者に対して侮辱的な言動をした場合、相手の行為は侮辱罪（刑法231条）が成立する可能性があります。また、相手が企業や事業者に対して虚偽の情報を流したりすると、相手の行為は名誉毀損罪（刑法230条）や信用毀損及び業務妨害罪（刑法233条）や威力業務妨害罪（刑法234条）に該当する場合があります。

　クレーム対応の現場で悪質なクレーマーに犯罪構成要件に該

当するような言動があった場合には、これらの犯罪に該当する可能性があるので、その場合には警察や弁護士に相談しながら毅然とした対応を進めていく必要があります。もしくは、実際に警察に被害申告を行わなくとも、相手に対して犯罪に該当する可能性があることを指摘することで、相手をけん制することもできる場合があるので、これらの条文を一読して内容を理解しておくとよいと思います。

◆刑法222条（脅迫）

1 生命、身体、自由、名誉又は財産に対し害を加える旨を告知して人を脅迫した者は、2年以下の懲役又は30万円以下の罰金に処する。
2 親族の生命、身体、自由、名誉又は財産に対し害を加える旨を告知して人を脅迫した者も、前項と同様とする。

◆刑法223条（強要）

1 生命、身体、自由、名誉若しくは財産に対し害を加える旨を告知して脅迫し、又は暴行を用いて、人に義務のないことを行わせ、又は権利の行使を妨害した者は、3年以下の懲役に処する。
2 親族の生命、身体、自由、名誉又は財産に対し害を加える旨を告知して脅迫し、人に義務のないことを行わせ、又は権利の行使を妨害した者も、前項と同様とする。
3 前2項の罪の未遂は、罰する。

◆刑法249条（恐喝）

1 人を恐喝して財物を交付させた者は、10年以下の懲役に処する。
2 前項の方法により、財産上不法の利益を得、又は他人にこれを得させた者も、同項と同様とする。

◆刑法230条（名誉毀損）
1　公然と事実を摘示し、人の名誉を毀損した者は、その事実の有無にかかわらず、3年以下の懲役若しくは禁錮又は50万円以下の罰金に処する。
2　死者の名誉を毀損した者は、虚偽の事実を摘示することによってした場合でなければ、罰しない。

◆刑法231条（侮辱）
事実を摘示しなくても、公然と人を侮辱した者は、拘留又は科料に処する。

◆刑法233条（信用毀損及び業務妨害）
虚偽の風説を流布し、又は偽計を用いて、人の信用を毀損し、又はその業務を妨害した者は、3年以下の懲役又は50万円以下の罰金に処する。

◆刑法234条（威力業務妨害）
威力を用いて人の業務を妨害した者も、前条の例による。

[図2―11] 手続の進め方

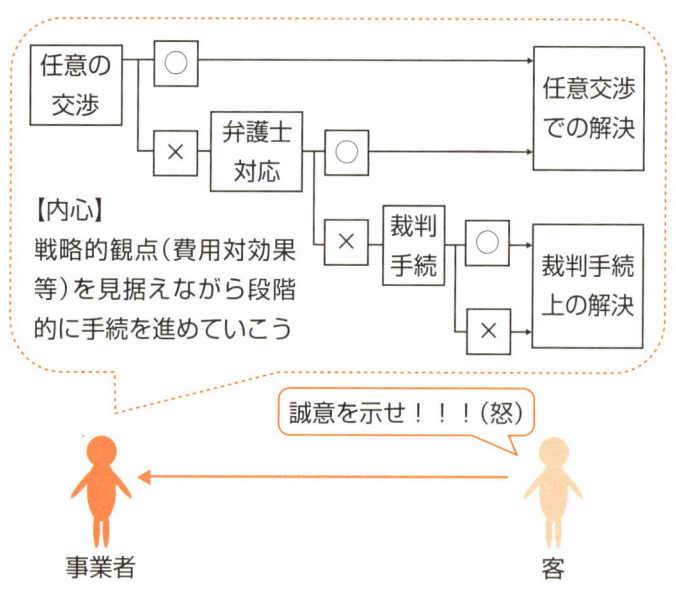

任意の交渉 → ○ → 任意交渉での解決
任意の交渉 → × → 弁護士対応
弁護士対応 → ○ → 任意交渉での解決
弁護士対応 → × → 裁判手続
裁判手続 → ○ → 裁判手続上の解決
裁判手続 → × → 裁判手続上の解決

【内心】
戦略的観点(費用対効果等)を見据えながら段階的に手続を進めていこう

事業者 ← 誠意を示せ！！！(怒) 客

178

12. 対応②(クロージング)

(1) クロージングの重要性

　相手との話合いを進めて対応策がまとまった後は、クロージング(終件)を行うことになります。クレーム対応は最後まで気を抜けません。たとえば、商品の交換という対応を行う場合に、商品の交換手続に不備があれば、そのこと自体が新しいクレームを発生させかねません。

　私の経験でも、苦労してクレーム対応を進めてきて、ようやくあと一歩のところまでたどり着いたにもかかわらず、最終的に相手と覚書を締結する直前に、担当者の不用意な態度によって沈静化するはずの事態が再燃してしまったことがあります。

　クレームの相手は不平・不満・不信・不安の感情を抱いているので、通常の相手よりも些細なことがクレームに発展する可能性が高いのです。そのため、相手の悪感情が完全に排除できるまで、万難を排して丁寧かつ的確な対応を心掛ける必要があります。

(2) クロージングの際の注意点

① 記録の保管を行うこと

　クレーム対応における解決の仕方はさまざまです。相手との間で電話での謝罪だけで解決する場合もあれば、商品の返品や交換や修理で対応する場合もあれば、代金の返還や一定額の金

銭的賠償を行って対応する場合もあります。また、クレームが発展して相手との間で紛争状態に入った場合のクロージングでは合意書や覚書や示談書など相手との間で書面を取り交わして解決する場合もあります。さらに、クレームが話合いで解決できずに調停手続や訴訟手続の中で解決した場合には、裁判所の作成する調停調書や和解調書や判決書などが解決を証明する資料になる場合もあります。

クレーム対応の過程を記録に残しておくことの重要性はすでに説明しましたが（第2章「1．情報管理①（案件「内」情報管理）」参照）、このことはクロージングの場面でも同様です。紛争の蒸返しを防ぎ、将来同様のクレームが発生した場合に備える意味でも、しっかりとどのような内容の解決に至ったかを記録化して保管しておく必要があります。

相手との間で合意書や覚書や示談書を取り交わして解決した場合や、裁判上の手続の中で解決して調停調書や和解調書や判決書が手元にある場合にはそれらを保管しておいてください。他方で、話合いだけで解決してしまい、それらの資料が手元にない場合には、相手から指摘を受けた内容や対応内容の記録、商品の返品に応じた記録や、商品の交換に応じた記録や、金銭的賠償を行ったことを示す振込伝票等の振込記録等をしっかりと記録に残して保管しておくように心掛けてください。

② 相手への気遣いを忘れないこと

悪質なクレーマーは別ですが、企業や事業者の側の落ち度に基づくクレーム対応の場合には、相手に対する気遣いを忘れないようにしてください。目の前の1件は些細なクレームだった

としても、クレーム自体は、企業や事業者が今後事業を継続するにあたっての有益な情報です。そして、クレームを主張する相手の多くは、その企業や事業者の商品やサービスに対して強い関心を抱いている人々です。強い関心を有しているからこそ、わざわざ手間暇をかけてクレームという形で、企業や事業者の落ち度を指摘してくれているわけです。そのため、最後に相手に対して「今回はご指摘いただきまして有難うございます」、「ご指摘いただいたことで、他のお客様にご迷惑をおかけしないで済みました。有難うございます」といったひとことを伝えることで、企業や事業者に対する悪感情を少しでも緩和することを企図してみてください。

③ 相手と書面を取り交わす場合のタイトルは？

相手と無事に解決に至ったことを示すために、最終的に相手と書面を取り交わす場合があります。そのような場合に「どのようなタイトルにするとよいのでしょうか？」、「覚書や合意書など、文書のタイトルで意味合いは変わってきますか？」という質問をされます。結論をいえば、タイトルは「合意書」でも「覚書」でも「示談書」でも意味合いは変わりません。これらの文書を相手と取り交わすための目的は２つあります。相手との合意事項を明確に記録に残して確認することと、紛争の蒸返しを防止することです。したがって、そのような内容がきちんと記載されていれば、文書のタイトルは「合意書」でも「覚書」でも「示談書」でも問題ありません。記載されている内容が重要なのです。

④ 書面を取り交わす相手に注意すること

クレーム対応の解決として相手と書面を取り交わす場合には、当事者が誰かを今一度確認したうえで行うようにしてください。

すでに説明しましたが（第2章「7．調査と確認①（相手の確定）」参照）、クレーム対応の中で「当事者は誰か」というのはつねに意識しなければなりません。たとえば、私が以前相談を受けた事例で、成人している息子の代理人として母親がずっと話合いを続けてようやくまとまった段階で、母親が書面に署名押印してしまったケースがあります。しかし、クレームに関する当事者は母親ではなく成人している息子なので、息子を当事者として、息子に書面の内容を確認してもらい、息子に署名押印をしてもらわなければ、正しい解決には至りません。気をつけていても、実際によく犯しがちなミスですので、注意が必要です。

⑤ 情報の流出を防ぐには？

目の前のクレームは解決できたとしても、それは潜伏しているあまたのクレームの氷山の一角にすぎないと考える必要があります。また、企業や事業者に落ち度があった場合には、その事実が広く流布されてしまうと、企業や事業者の評判を低下させる可能性があります。そのような事態が生じないようにするためには、クレーム解決の場面で相手と書面を取り交わし、その書面の中で相手に守秘義務を負ってもらうことが必要です。たとえば、「クレームの発生、クレームの対応、その他、本件の解決に至った一切の事情を事前に相手の書面による同意なくして、第三者に口外してはならない」とか「本覚書締結に至る過程及びその内容を事前に相手の書面による承諾なくして第三者に開示又は漏えいしてはならない」などといった条項を盛り込んで相手にも了解してもらうことで、相手に守秘義務を負担させ、情報の流出を防止することも検討してください。

⑥ 相手が書面の内容を守らない場合には？

　たとえば、クレーム対応の解決の段階で相手との間での合意事項を書面にまとめて、守秘義務条項を盛り込んだ合意書を締結したにもかかわらず、相手がクレーム対応に関する情報を積極的に漏洩するなど書面で取り交わした内容を守らない場合があります。そのような事態が生じた場合には、相手に対して裁判上の手続によって企業や事業者に生じた損害の賠償を請求したり、仮処分を申し立てたりすることを検討しなければなりません。そのような不測の事態に備えて、相手と取り交わす書面に合意管轄の条項を規定しておくようにしてください。

　裁判には「管轄」という制度があり、事件の内容や当事者の住所によって訴訟を提起することができる裁判所が決まっています。そのため、遠隔地の相手と書面を取り交わす場合には、注意が必要です。たとえば、「当事者は本覚書の内容に関して裁判上の争訟が生じた場合には〇〇裁判所を第一審の管轄裁判所とすることに合意する」といった内容の条項を規定しておきます。相手との話合い次第ではありますが、可能であれば「〇〇裁判所」については、企業や事業者が裁判を行うにあたって便利の良い地域の裁判所を選択してください。

[図2—12] 書面のタイトルは？

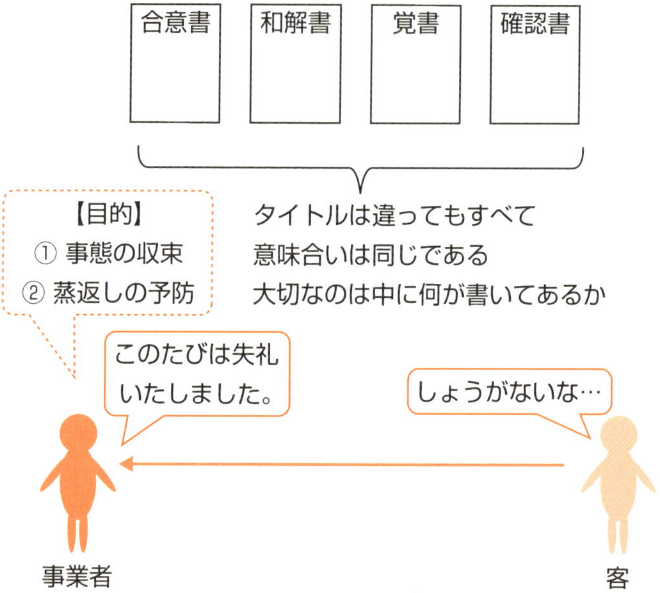

| 合意書 | 和解書 | 覚書 | 確認書 |

タイトルは違ってもすべて意味合いは同じである
大切なのは中に何が書いてあるか

【目的】
① 事態の収束
② 蒸返しの予防

事業者：このたびは失礼いたしました。

客：しょうがないな…

第3章

クレームの予防

最高のクレーム対応は何でしょうか。

それは、そもそもクレームを発生させないようにすることです。また、クレームが発生した際に的確に対応できるように日頃からの備えをしておくことです。そもそもクレームが発生しないようにすればクレーム対応を行う必要もありませんし、もし万が一クレームが発生したとしても日頃から有事の際の備えをしっかりとしておくことで、クレームが紛糾する前に早期に的確な対応を行い、クレームを解決に導くことができるのです。

これまで「第1章　クレーム対応の心掛け」ではクレーム対応を進めるにあたっての心構えについて、そして「第2章　クレーム対応の具体的方法」では実際にクレーム対応を進める際のノウハウや工夫などについて説明しました。

本章では、日頃から心掛けておくべき、あるいは日頃から備えておくべき、クレーム対応の予防に関するノウハウや工夫について説明します。

1. 意識改革①（トップ）

(1) クレーム対応はトップ次第

　企業や事業の規模の大小は関係なく、適切なクレーム対応ができるか否かはトップの考え方次第です。企業や事業の組織のトップというのは代表取締役社長や会長だけではなく経営陣という意味です。実際のクレーム対応をトップが行うわけではありませんが、組織ではトップの意識や考え方が現場の個々のオペレーションを左右します。

　クレーム対応に関して組織的な隠ぺいが行われた例はたくさんあります。たとえば、三菱自動車工業のリコール隠し、株式会社不二屋の食品偽装問題、JR北海道のたび重なる事故やデータ改ざん問題、食品表示に関する雪印牛肉偽装事件や下関ふぐ偽装事件などの産地偽装問題なども記憶に新しいところではないかと思います。これらの隠ぺいは、決して現場の一担当者だけでできる事件ではありませんでした。経営陣の意識や、それを支える組織の隠ぺい体質が問題となって引き起こされた事件です。

　企業や事業者は、目先の利益を追求するのではなく、永続的に存続していけるようなブランドや信用を維持していくことが大切です。クレーム対応の場面でも、トップがクレーム対応についての正しい知識を有していなければ、適切なクレーム対応を行うことは不可能です。繰り返しになりますが、クレーム対

応は企業や事業の生命線です。目の前のクレームは100円の商品の返品の話かもしれませんが、そのクレームの背後には企業や事業の存立と存続を危うくしかねない重大な問題や欠陥が存在する可能性が高いのです。企業や事業のトップがクレームに対してそのような認識をもてるかどうかが、クレーム対応の命運を分け、ひいては企業や事業の存続の可否を左右します。

(2) トップの心構えとは？

それでは、適切なクレーム対応を行うために、トップは、どのような姿勢でクレームの予防やクレーム発生時の早期解決を考えていく必要があるでしょうか。クレームに対するトップのもつべき心構えはどのようなものでしょうか。以下、それぞれについて説明します。

① 当事者意識をもつこと

クレームは現場で発生します。そのため、経営陣はどうしてもクレームを「現場の問題」ととらえてしまい、当事者意識をもつことが難しくなりがちです。また、経営陣が行うべき業務は会社や事業の経営なので、経営に直結しない、いわば「売上げを創出しない」、「お金を生まない」仕事は自分の仕事ではないかのような意識をもってしまいがちです。ですが、このような「クレーム対応は他人事」というトップの意識が、ときに、会社や事業の存続を危うくします。また、クレームに関して「こんな小さなクレームは、いちいち話をもってくるな！」という姿勢には問題があります。まずはクレーム対応が企業や事業の命運を左右する重大な経営マターであることを理解してください。クレーム対応は経営に直結するトップが判断すべき重大な事柄です。ですので、クレーム対応に関する強い当事者意

識をもつ必要があるのです。

②　クレーム対応についての知識をもつこと

　トップのクレーム対応に関する意識と知識の欠如が、事故を事件に発展させてしまいます。そのような意味では、トップがクレーム対応について強い意識と適切な知識をもつことが大切です。また、クレームは販売する商品や事業に関する情報の宝庫です。クレームは販売する商品や事業に内在している問題点や改善点の縮図です。ずさんなクレーム対応が企業や事業の命運を左右しかねないことについては、これまで強調して説明してきたとおりですが、些細なクレームもすべて経営に直結する可能性があります。ですので、どんなに些細なクレームであっても無視せずに真摯な姿勢で対応にあたることが重要です。

③　現場の担当者の気持を知ること

　クレーム対応は決して楽な仕事ではありません。現場でクレーム対応にあたる担当者は、「なぜ自分が対応しなければならないのか……」、「なぜ自分が怒られなければならないのか……」、「なぜ自分が責められなければならないのか……」といったやりきれない気持を抱えています。そのような現場の担当者の気持を知ることもトップとしては大切なことです。このような不満を抱いた担当者が、適切なクレーム対応を行うことは期待できません。担当者の気持を理解したうえで、担当者の不平や不満や不安を取り除き、担当者の精神的負担を軽減するような体制を構築していく必要があります。

④　クレーム対応を経験した人が出世できる組織づくりを

　クレーム対応の担当者が窓際族のような扱いを受けている企業があります。しかし、クレーム対応は企業や事業の最前線です。クレーム対応は決して後ろ向きの業務ではなく、企業や事

業の命運を左右しかねない重大な局面なのです。クレーム対応の中で現場での対応力や判断力、そして、商品やサービスの知識を学ぶことができます。そのため、クレーム対応を経験した人が出世できるような組織づくりを行っていくこともトップの重要な役割の1つです。

⑤　現場への丸投げを行わないこと

　企業や事業の規模にもよりますが、クレーム対応を現場や担当者に丸投げしないようにしてください。クレーム対応は経営に直結する重要な局面です。また、クレーム対応は商品やサービスを向上させるための情報の宝庫です。そのため、クレーム対応に関する情報を収集して、企業や事業の今後の経営や運営に活かしていく必要があります。また、クレーム対応が紛糾しそうな場合には、適時適切に体制の再構築を行い、的確な対応に努める必要があるのです。

⑥　クレーム対応におけるコスト意識をもつこと

　多くの方がクレーム対応において、適切なコスト意識をもてていないように感じています。企業の担当者や事業者と話をしていると、「営業していたほうが利益を稼げる」とか「クレームなんて適当に対応しておけばよい」とか「クレーム対応は時間と労力だけ多くて……経営の足かせになる」といった発言を聞くこともあります。確かに、クレーム対応は直接的に利益をもたらす業務ではないかもしれません。また、クレーム対応には、時間や労力や精神的な負担がかかるので、後ろ向きの業務のようなイメージをもたれている方も多いかもしれません。ですが、不適切なクレーム対応は企業や事業の存続を危うくします。ずさんなクレーム対応は、2次クレーム・3次クレームを誘発して、かえってクレーム対応に要する費用や時間や労力を

増大させてしまいます。逆に、早期の適切なクレーム対応は、自社や事業の評判をあげ、新規顧客の創出にもつながるし、よけいな費用や時間や労力の発生を防ぐことができるのです。

⑦ クレーム対応は企業のガバナンスの問題である

クレーム対応を迅速かつ効果的に行えるか否かは、企業のガバナンスと直結した問題です。クレーム対応を迅速かつ効果的に行える企業や事業者の組織は、ガバナンスがしっかりと確立され、機能していることの現れと考えてください。ガバナンスがしっかりしているからこそ、クレームに対して適時適切な対応を行うことができるのです。

⑧ クレーム対応は企業のコンプライアンスの問題である

クレーム対応を適切に行えるか否かは、企業のコンプライアンスと直結した問題です。コンプライアンスというのは、法令遵守と訳されることがありますが、簡潔に説明すると「法律を守ること」です。法律を無視した経営を行っていると必ずクレームが発生します。逆に法律にのっとって経営を行っている以上、クレームが発生したとしても法律の範囲内での解決が期待できます。クレーム対応の過程でも法律を守ることが重要です。法律違反の対応を行った場合には２次クレーム・３次クレームを生じさせ、企業や事業の存立を危うくする事態が生じかねません。

⑨ クレーム対応は企業の社会的責任である

丁寧かつ適切なクレーム対応は企業の果たすべき社会的責任の１つです。企業の社会的責任とは、企業が利益を追求するだけでなく、組織活動が社会へ与える影響に責任をもち、あらゆるステークホルダー（投資家や社会全体等）からの要求に対して適切な意思決定をすることを指すとされています。適切なク

レーム対応を行うことは、企業や事業の存在意義を高める社会的責任であるととらえてください。

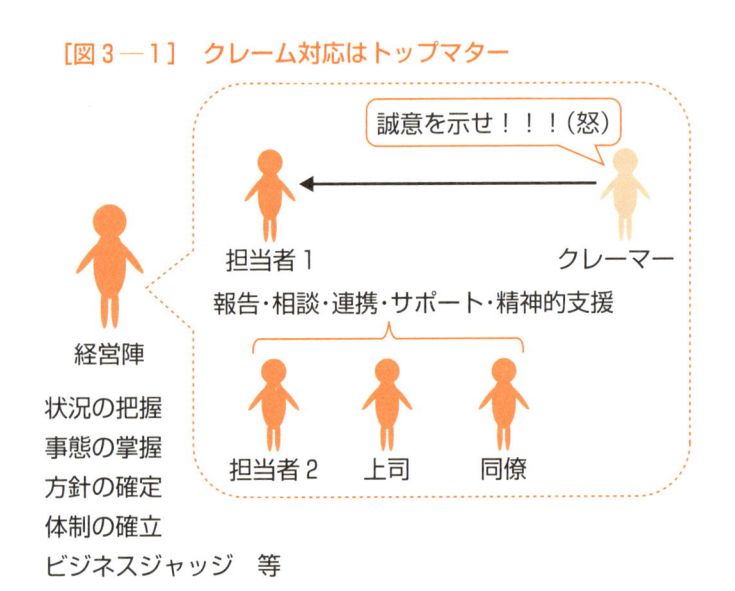

[図3—1] クレーム対応はトップマター

誠意を示せ！！！（怒）

担当者1　　　　クレーマー

報告・相談・連携・サポート・精神的支援

担当者2　上司　同僚

経営陣

状況の把握
事態の掌握
方針の確定
体制の確立
ビジネスジャッジ　等

2. 意識改革②(現場)

(1) 現場での備え

　クレーム対応の最前線は現場です。クレーム対応は企業や事業の最前線であり、トップが事態を掌握しながら、解決をめざしていくべき問題です。ですが、実際に対応を行うのは現場の担当者ですから、トップの考え方や意識を現場の担当者に浸透させていく必要があります。以下の点に注意しながら、現場の意識を少し変えるだけで、クレーム対応がスムースに進む例も多いのです。

① 現場の意識変革を行うこと

　繰り返しになりますが、クレーム対応は企業や事業の最前線であることをしっかりと現場の担当者に伝える必要があります。現場でクレーム対応にあたっている従業員１人ひとり、現場の１人ひとりが企業や事業の顔なのです。まずは現場の担当者が「自分の受け答えの１つひとつが企業の存在価値に直結する重大な局面にいる」ことを認識することが必要です。

② 日頃からクレームが発生することを想定すること

　クレームがいつ発生するかはわかりません。日頃からクレーム発生時の心構えがあるのと、ないのとでは、いざクレームが発生したときの対応に雲泥の差が生じてきます。クレーム対応に携わる担当者ばかりでなく、営業や販売を行うすべての従業員に「注意していてもクレームは必ず発生する。しかもクレームが発生する時期は突然である」という意識をもってもらう必要があります。クレーム対応の中で最も対応が難しく、誤った

クレーム対応を行ったために企業や事業の存立を危うくする危険性が高いのは不意打ちのクレームです。不意打ちのクレームへの対応は後手になってしまいます。逆に、事前に予想されるクレームは先手を打った対応ができるため、楽で、恐ろしいものではありません。

③ 日頃からクレームが発生する芽を摘んでおくこと

不思議なもので、多くのクレームは「クレームが発生しそうだな……」と思うところで発生します。たとえば、「あの人の電話の受け答えはよくないな……」、「あの人の商品の説明はよくないな……」、「あの人の髪の色は明るすぎるから……」、「あのレジ打ちの人の対応はよくないかもしれない……」、「あそこの配線でつまずく人が多いので危険かもしれない……」など、日頃、目についたり、気になったりする部分があると思います。このようにふと気づいた時が改善を行うべき機会です。ぜひ、日頃から、このような情報を共有して、日々対応を進め、クレームが発生しそうな芽を摘んでおくことが必要です。

④ 日頃から商品やサービスの知識を磨いておくこと

多くのクレームは、商品やサービス内容に対する説明不足から生まれます。そのため、日頃から、現場の商品やサービスに対するプロとしての意識を磨いておく必要があります。また、商品やサービスの知識を磨いておけば、いざクレームが発生した際にも、適切な対応をとることができるようになります。担当者と担当者の上司は役割が異なります。細かなことは上司に相談をしても答えが返ってこなかったりするかもしれません。現場で最新の情報に接して、日々実力を身に付けているのは上司ではなく、現場担当者です。ですから、現場担当者が最も状況を把握し、相手の感情に肉薄しています。現場の担当者こそ

が、早期に適切なクレーム対応ができるのです。そのような人の資質をクレーム対応に適したものに変えておくことが、クレームの予防につながります。

⑤ **クレームが発生しやすいタイミングを理解しておくこと**

クレームが発生しやすいタイミングがあります。たとえば、新製品の発売や新しいサービスの提供を開始した時とか、従来の商品を改訂したり、商品やサービスの価格を改定したり、変更を行った時が、クレームの発生しやすいタイミングなのです。そのため、新製品の販売や新サービスの提供の開始時期には注意深くクレームの予防策を講じる必要があります。たとえば、現場で対応する担当者の商品やサービスに関する知識は正確で十分なものか、顧客に配る取扱い説明書の記載内容は正確かつ丁寧で、また十分な内容になっているかということをしっかりと確認することが重要です。

⑥ **日頃から現場が判断できる範囲を理解しておくこと**

確かに、クレームについての多くは現場での対応が求められます。そのため、現場の担当者の判断で、個々の対応を進めなければならない場面も多々発生します。他方で、クレーム対応は企業や事業全体の問題なので、現場レベルでは判断できない事柄もたくさん存在しています。そのため、あらかじめ「現場でどこまで対応するか」という一定の範囲を定めておくことが必要です。この一定の範囲をどの程度に設定するかは、企業や事業者によってさまざまですので、平常時に社内のマニュアルなどに明記して周知徹底を図っておくことが有益です。

⑦ **日頃から的確な情報伝達とバトンタッチを行っておくこと**

クレーム対応の場面でも、現場は情報の宝庫です。現場に最

も多くの情報が集まります。最初にどのような情報が取得できるかによって、その後のクレーム対応の内容は全く変わってきます。また、誤った情報は、判断のズレを招きます。できるだけ多くの情報を収集するだけでなく、正確な情報の取得と伝達を行うようにする必要があります。クレーム対応は1人で行うわけではありません。担当者や担当部署との連携が重要です。そのため、各部門の関係者への連絡や、クレーム担当者の交代が必要な場合には適時適切なバトンタッチが必要になります。情報共有と情報の引継ぎが非常に大切になってきます。よくありがちなのが、情報を貯め込んでしまったり、上司に対する報告が遅れてしまったりといった情報の滞留です。この情報の滞留によってクレーム対応が後手にまわり、あるいは対応に遅れを生じさせます。取得した情報は、良い情報も悪い情報もすべてを適時適切に伝達することが必要です。

(2) 現場がもつべき心構えとは？

① クレームは必ず発生すると考える

クレームはいつ発生するかわかりません。クレームは突然発生します。そして企業や事業が活動している以上は必ず発生するものです。クレーム対応にあたる前にそのような心構えをもつことが大切です。クレームは必ず発生すると考えれば、突然のクレームに慌てることはありません。そのような意識をもっているかどうかで、その後のクレーム対応は大きく変わってくるのです。

② クレーム対応についての当事者意識をもつこと

クレーム対応の現場で問題になる場面があります。それは「当事者意識の欠如」です。クレームの第一報を受けた社員が

「あ、これはうちの部署の話ではないな」という意識をもってしまうとそのような対応が言葉や表現に出てしまいます。このような事態が2次クレーム・3次クレームを招くのです。クレームに関しては、企業や事業の担当者全員がクレーム対応の最前線にいるという当事者意識をもってのぞむ必要があるのです。危機意識がない場合や当事者意識が乏しい場合には事態の収束は覚束なくなります。

③ クレームに対する危機意識をもつこと

クレーム対応の最前線であるという当事者意識と同様に、クレーム対応における危機意識をもつことも極めて重要です。クレーム対応は一歩間違うと企業や事業の命運を左右しかねない危機的な状況を招くことがあります。ですので、クレーム対応についての危機意識を強くもつことが必要です。特に現場で対応する担当者は、自分の発言の1つや態度の1つが企業の今後に大きな影響を及ぼしかねないことを自覚して、個々の対応にあたることが必要です。

④ 気負いすぎないこと

クレーム対応が企業や事業の命運を左右すると繰り返し説明していることと矛盾するように思われるかもしれませんが、そうはいっても、気負いすぎないことが大切です。よく犯しがちな間違いは、自分だけで解決しなければいけないように思ってしまうことです。クレーム対応の担当者は相当な心理的な負担を被っています。もちろん現場の担当者は経営者ではありません。そのため、経営的観点からのクレーム対応に関与し実践することはできません。現場の担当者は経営者とは異なる視点で対応を行う必要があります。たとえば、現場の担当者は商品やサービスの知識という面ではプロである必要があります。クレ

ーム対応においても、自分のわからないことや、判断のできないことは、「持ち帰って検討する」、「上司に確認して返答する」という姿勢で問題ありません。

⑤ クレーム対応に誇りと責任を

クレーム対応は「嫌な役割」というマイナスのイメージがあるかもしれません。どうしてもクレーム対応には敗戦処理や苦情対応のようなマイナスのイメージがつきまとってしまいがちなのです。ですが、クレーム対応は「裏の花形」です。これまで切々と説明してきたとおり、クレーム対応はまさに企業や事業の命運を左右しかねない重要な局面です。企業の存続をかけた最前線という意識をもって対応してください。

[図3−2] 現場だけでは対応しない

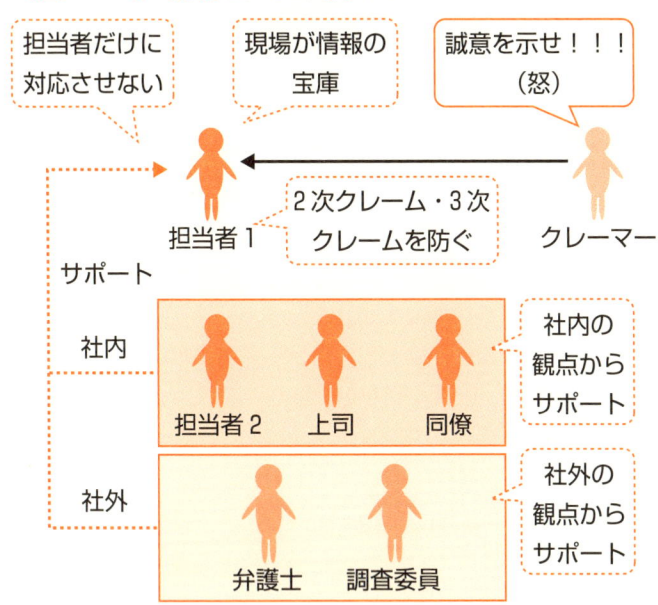

3. 体制の構築①（社内）

(1) 平常時に社内体制を構築しておくこと

　クレーム対応に関する社内研修等の講師を担当した際に「クレーム対応には社内体制の構築が重要です」と説明すると、参加者からは「当社はクレーム対応窓口を設けていますので、社内体制はしっかりしています」とか「当社に対するクレームは顧客相談窓口ですべて受けています」とか「クレーム対応の担当者を決めて対応にあたらせています」といった回答が返ってくることがあります。

　確かに、クレーム対応窓口を設けること自体は素晴らしいことだと思いますし、クレーム対応の担当者を決めて対応にあたることも望ましいことだと思います。でも、その後に「はたしてそのクレーム対応窓口は十分な体制ですか？」とか「その担当者の方は本当に適任者なのでしょうか？」と質問を続けてみると、それに対して自信をもって答えられる方は意外に少ないものです。

　クレーム対応は時間との戦いです。時間の経過に比例して事態が紛糾していく傾向にあります。適切な初動を行えば容易に収束することができたかもしれないクレームも、不適切な初動を行ったために事態が紛糾し解決困難な状態に陥ることも少なくありません。また、クレーム対応に効果的な社内体制は一朝一夕には構築することはできません。クレームが発生した段階

で社内体制を構築したのでは手遅れです。1つひとつの対応も後手にまわりがちになり、適切な対応を行うことはできません。

社内体制を構築することができるのは、時間的に余裕のある平常時しかありません。クレームが発生した場面のシミュレーションを平常時に行い、クレーム対応に適した体制を構築していく必要があるのです。

(2) 担当者は複数にすること

クレーム対応は孤独との闘いです。お客様相談窓口や苦情相談係や顧客相談窓口を設置している場合は複数で対応できる体制が整っていると思います。ただ、少人数の規模の企業や個人事業者の場合には、そもそも専属で複数人の人材を割くことができない場合があると思います。そのような場合であっても、クレーム対応の担当者は複数名にしてください。このような説明をすると「うちは社長1人しかいない零細企業で複数名の対応はできませんよ……」とか「個人事業主ですので1人での対応になってしまいます……」という話が出ることがありますが、何も自分たちだけで社内体制を構築する必要はありません。社内や事業者の側で複数名の担当者を設置することができない場合には、外部の人間を加えて複数名の体制を整えればよいのです。「うちの会社は人数が少ないし、専属の担当なんて決められないよ……」という場合もあると思います。専属の担当を決められる会社のほうが圧倒的に少数なのではないでしょうか。ですので、担当者は必ずしも専属である必要はありません。普段は営業の担当者であっても、平時の仕事にあわせて苦情相談窓口の担当者になることはできると思いますし、普段は総務の

仕事をしていても、平時の苦情相談窓口の担当者になることもできるのです。

(3) 社内での連絡網を整備すること

　複数名の担当者を決めた後は、企業内や事業所内での連絡網を整備するようにしてください。クレームは現場で起きる場合もあります。代表電話にかかってくる場合もあります。営業担当者が使用している携帯電話に入ってくる場合もあります。コールセンターに入る場合もあります。クレーム担当窓口を設置したのであれば、クレームがどのようなルートで企業や事業者に届いたのかを問わず、すべてのクレームがクレーム担当窓口に集約するような連絡網を設定し、クレーム対応に最も長けた部署や担当者のもとにクレームを一元化することで、適切な初動ができるようなしくみづくりが必要です。

　そして一度作成した連絡網は、クレーム対応に不備や不適切な点があれば、朝令暮改の姿勢で改善していくことが必要です。また、クレーム対応はトップマターですので、クレーム対応窓口からトップに直結できるようなホットラインを設定しておくことも望ましいと思います。もちろん、企業や事業の規模にもよると思いますが、クレーム対応はスピードが命です。クレームが企業内や事業所内でたらい回しにされているうちに、対応が後手にまわり、適時適切な対応ができなくなってしまう事態は非常に危険な状態です。企業や事業の規模にもよりますが、トップに直結する体制を設けておくことが、迅速かつ適切なクレーム対応を行うためには非常に重要なことなのです。必ずしも社長でなくてもよいのです。経営企画室や担当部門の取締役

など、社長に情報が入りやすく、迅速な最終決定が可能な連絡網を設定しておくことが必要です。

⑷　クレーム対応への姿勢や指針を掲示する

　クレームを主張する相手は企業や事業者に対する不安・不信・不満の感情に包まれています。この中には「自分の言っているクレームに対して企業や事業者がしっかりと対応してくれるのか」、「自分が困っていることに正面から取り合ってくれるのか」、「自分が困っていることについてたらい回しにされるのではないか」といった不安・不信・不満の感情も含まれています。このような不安・不信・不満に対しては、先手を打って、企業や事業者のホームページで「お客様相談窓口」や「顧客相談窓口」の連絡先を設定して公表したり、店舗内に「店長へのご意見箱」を設置したりすることで、事前に取り除くことができる場合もあるのです。

⑸　クレーム対応の担当者の選び方

　クレーム対応窓口を設置するとしても、実際の人選には頭を悩ますものです。率直に言って、クレーム対応は誰にでもできるものではありません。クレーム対応の担当者に適した人材を熟慮したうえで配置することが必要です。「そんなことまで考えるのですか？」といった声もあるかもしれませんが、クレーム対応は企業や事業のトラブル対応の最前線です。不適切なクレーム対応は企業や事業の命運を左右しかねません。そのため、クレーム対応の担当者は、くれぐれも慎重に熟慮を重ねて決定する必要があります。もちろん、どのような企業や事業者であっても、人材は有限です。ですので、クレーム対応に最適な人

材を確保できない場合もあるかもしれません。そのような場合には、クレーム対応に最適な人材を育てていくことを検討してください。今はいなくても、将来に育っていればよいのです。

① 商品やサービスに対する知識を有していること

　クレームは、企業や事業者が製造したり販売したりしている商品や提供しているサービスに対して発生します。そのため、クレーム対応の担当者は対象となる商品やサービスに関する正確な知識をもっている人でなければなりません。クレームの内容は商品の性能や商品の使い方の場合もありますし、サービスの具体的内容や提供されるサービスの水準に関する場合もあります。このように商品やサービスに対するクレームや質問に対して、クレーム対応窓口の担当者が、商品やサービス自体に関して、あいまいな説明や間違った説明、あるいは誤解を招く説明や答弁をしてしまった場合には、相手から「そんなことも知らないのか⁉」、「自分の会社のことではないのか⁉」、「商品のこともわからないのに、何のために出てきたんだ！」などと言われて、そのこと自体が2次クレーム・3次クレームに発展していってしまいます。そのため、まずは自社の商品やサービスに対して正確な知識や、営業経験が豊富な人材を選定するのが望ましいと考えます。

② 声の質も意識すること

　クレーム対応窓口の担当者は、できるだけ人あたりの良い声質の人を選ぶ必要があります。声にも表情があるといわれます。「聞きやすい声」や「受け入れやすい声」というものがあります。また「癒される声」というものがあります。クレーム対応の現場は、不平・不満・不安・不信・怒りに溢れていますが、そのような相手の悪感情を癒し、しっかりとした対応を行うた

めにも、声の質を意識した人選を行うことを検討してください。

③ 適切な言葉遣いができること

声質だけではなく、話し方も重要です。話し方が相手に与える印象も無視することはできません。だらだらと話をする人、話が長い人、相手の話を聞かない人、社会人としての言葉遣いができない人、適切な敬語を用いて話すことができない人は、クレーム対応窓口の担当者としては不適切です。また、相手の話を聞く時の相づちや、何気ないひとことが相手の逆鱗に触れてしまって、かえってクレーム対応の解決が長引くことも少なくありません。

また、円滑にクレーム対応を進めるために、特徴的な話し方が相手に与える効果を活用するという方法もあります。以前、私の関与先の企業で方言を話す方をクレーム対応窓口の担当者としている企業がありました。その窓口担当者の朴訥とした話し方がかえって好印象となり、怒り心頭に発した相手の悪感情が鎮静化され、クレームが解決できる場合が多いと紹介されたことがあります。この企業はそういった効果を狙ってその方を担当としたわけではないと説明していましたが、あえてそのような方を担当とすることも一考の余地があるのではないでしょうか。

④ 見た目の印象を意識すること

見た目で好印象を与える人もいれば、逆に見た目で悪い印象を与える人もいます。見た目の清潔感やさわやかさは相手には好印象を与えることにつながります。服装や髪形はもちろんですが、見た目の年齢も重要な要素です。新入社員のようなフレッシュな人材が相手に好印象を与える場合もあると思いますし、

逆に年輩の人材のほうが相手に安心感を与える場合もあると思います。そのため、複数の担当者をおいて、相手の属性や相手の対応に応じて、適任者を選任することが最善です。大企業でなければそれだけ多様な人材を確保することも簡単ではないかもしれませんが、見た目の印象がクレームを主張する相手に与える効果を想定しながら人選を行うことも大切です。

⑤ **担当者の性格**

人には性格があります。気が短い人もいれば、長い人もいます。我慢強い人もいれば、そうでない人もいます。飽きっぽい人もいれば、そうでない人もいます。楽観的な性格の人もいれば、悲観的な性格の人もいます。そのような性格を考えながら、クレーム対応窓口の担当者としてふさわしい人材を選定する必要があります。クレームを主張する相手は、企業や事業者に対する悪感情に包まれています。そのような相手と話合いを継続していくと、どんなに楽観的な人でも、精神的に追い詰められていきます。クレーム対応には強い精神力が必要になります。そのため、一般論としては、我慢強く、楽観的な性格の人を選定するのが望ましいと考えます。

⑥ **報告・連絡・相談をしっかりと行えること**

社会人としてはあたり前のことですが、報告・連絡・相談が行えることが大切です。確かに、責任感が強い人の中には、しっかりとした報告・連絡・相談を行わずに、自分だけで解決してしまおうというワンマンプレーを好む人もいるかもしれません。しかし、クレーム対応は企業や事業の存続に直接影響を及ぼす重要な局面です。企業や事業者が組織として取り組まなければ、企業や事業の存続を危うくし、企業や事業の命運を左右しかねない場面もたくさん生じます。そのため、担当者がスタ

ンドプレーを行うのではなく、組織の内部で報告・連絡・相談を行いながら、対応を進めていくことが大切です。

⑦ 関係部署との連携ができること

コミュニケーション能力も重要な要素です。クレーム対応は組織で対応を進めていかなければならない場面ですので、企業や事業所の中で他の部署の担当者や上司など社内の人間とコミュニケーションをとれないような人はクレーム対応の担当者には向きません。クレームの解決にあたっては、関係部署との連携も必要になってくるので、社内的にも信頼の厚い方を選定するのが望ましいと思います。

［図３－３］ 社内体制の構築を

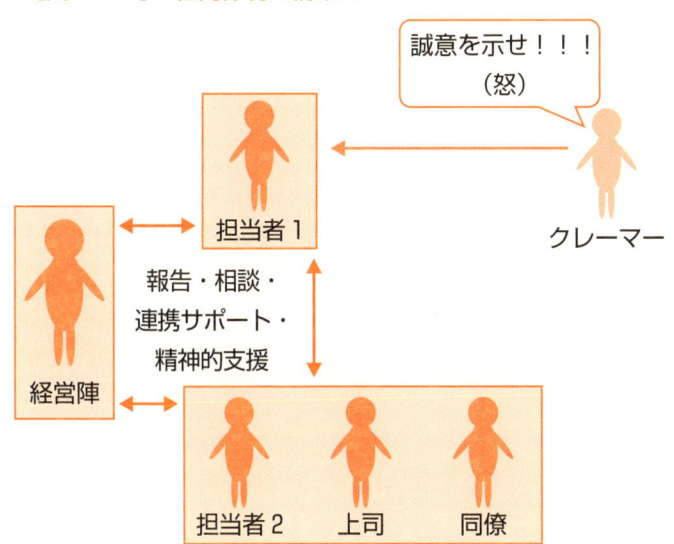

誠意を示せ！！！
（怒）

クレーマー

担当者１

報告・相談・
連携サポート・
精神的支援

経営陣

担当者２　上司　同僚

4. 体制の構築②（社外）

(1) 社外体制構築の重要性（社外体制の役割）

　社内体制を構築した後は、社内体制を補佐するための社外の体制の構築を進めていく必要があります。クレーム対応を適切かつ効果的に行うためには、社内体制を整えただけでは不十分で、外部からの視点を加えて検討することが必要なのです。

　たとえば、法的な責任の有無や、クレームの対象となった商品の機能や性質の問題など、決して企業や事業所の内部の人間だけでは判断できない専門的な領域があります。このような専門的な知識や経験を要する判断を行うに際しては、専門家との連携が不可欠です。

　また、多くの企業や事業所の中では独特の企業風土が醸成されています。社内の常識が一般社会では非常識だということもよくあることです。外部からのクレームに対して内部の人間だけで判断するのでは、客観的に適正な判断ができない場合も多いものです。そのため、一般社会に受け入れられる適切なクレーム対応を進めるためには、外部の専門家からの助言や協力や客観的な視点に基づく適正な判断を聞き入れながら方向性を決定していくことが必要です。

(2) 弁護士との連携を

　外部の弁護士にすぐに相談できるような体制を整えるように

してください。多くの弁護士は職務経験の中で事実認定能力と法的素養を涵養しており、事実認定能力と法的判断能力に長けています。客観的に生じた事実経緯と客観的に存在する資料に基づいて、かりに訴訟になった場合に裁判所からどのような判断をされるかを検討しながら、クレーム対応をあるべき方向に進めていく際の助言を得ることができるのです。もっとも、一般の弁護士はクレーム処理の専門家ではないので、弁護士資格を保有していれば誰でも良いわけではありません。クレーム対応の知識や経験が豊富な弁護士とのパイプを構築しておくことが重要です。また、クレーム対応の中でもとりわけ悪質なクレーマーや反社会的勢力が絡んでくるような場合には民事介入暴力事件に関する経験の豊富な弁護士とのパイプを構築しておくことが必要です。そのような弁護士は、顧問弁護士を通じて紹介を受けるか、弁護士会に相談して紹介してもらうか、人づてで紹介してもらうか、その類の書籍を執筆している弁護士を探す等の方法があります。検討してみてください。

(3) 警察等との関係の構築を

　悪質なクレーマーや反社会的勢力が登場するようなクレーム対応に備えて、警察とのパイプをつくっておくことも必要です。有事の際にいざ警察に助けを求めても、警察はすぐに駆けつけてくれるとは限りません。有事の際に警察に助力を求めるためには、日頃から連絡や相談を行いながら関係性を構築しておくことが必要です。

(4) 広報やリスクマネジメントに関するコンサルタント

　広報やリスクマネジメントに関するコンサルタントの活用も検討が必要です。たとえば、不適切なクレーム対応が顕在化して、企業や事業の不祥事が発生し、突然記者会見による対応を迫られる場合があります。平常時に広報やリスクマネジメントに関するコンサルタントが実施している研修やセミナーを受講して、基本的な対応事項を確認し習得するとともに、パイプを構築しておくことも有益です。

(5) ホームページ等で情報掲載による事前予防効果を狙う

　たとえば、ホームページや店舗や病院内に外部の協力者に関する情報を掲載することで、事前予防効果を狙うことも検討してください。私自身も顧問先の意向に応じて顧問弁護士としての表示を企業ホームページに掲載していただいています。これによって悪質なクレーマーの数が大幅に減少したと言われたこともあるので、顧問弁護士がいるような場合には検討してください。

(6) 日々体制の強化と確認を

　社外体制を構築しただけでは不十分です。せっかく構築した社外体制を有事の際には効果的に機能するものにしておく必要があります。たとえば、外部の関係者を社内研修の講師として招く、社内の実際の事例を勉強会で共有する、定期的にクレーム対応に関するミーティングを実施するなどして、つねに連携

を強化するための取組みを行っておくことが必要です。

[図3—4] 社外体制も整えよう

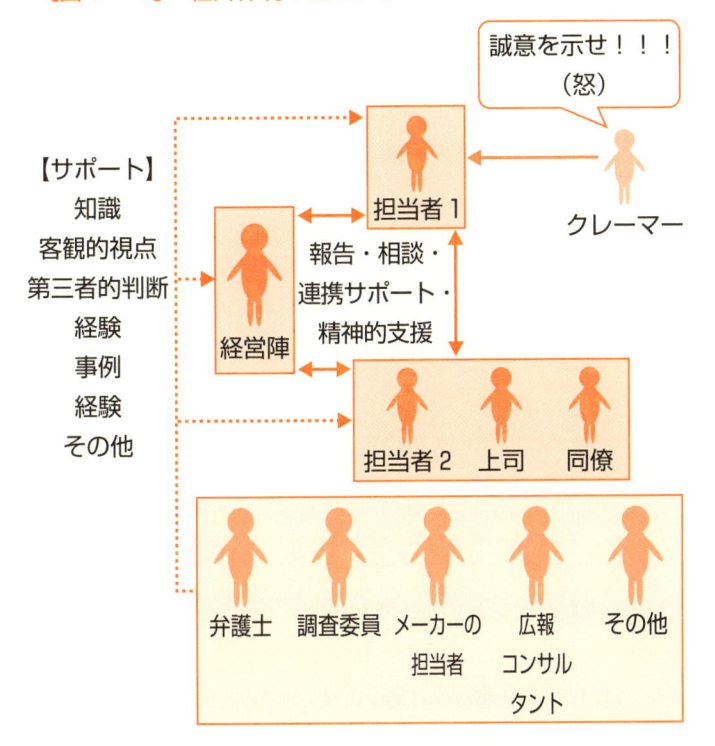

【サポート】
知識
客観的視点
第三者的判断
経験
事例
経験
その他

経営陣 ↔ 担当者1 ← 誠意を示せ！！！（怒）クレーマー

報告・相談・連携サポート・精神的支援

担当者2　上司　同僚

弁護士　調査委員　メーカーの担当者　広報コンサルタント　その他

第3章　4　体制の構築②（社外）

211

5. 指針の策定①（経験の蓄積と情報の共有）

(1) クレームの解決事例は情報の宝庫である

　企業や事業者に対して日々発生するクレームは「企業や事業が成長するための情報の宝庫」です。クレームは企業や事業者が販売している商品や提供しているサービスに内在している課題を浮き彫りにします。そして、そのようなクレームの解決事例は同様のクレームが発生した場合の対応の指針にもなります。また、今後同様のクレームが発生することを未然に防ぐための最良の検討資料になります。同様のクレームが発生することを未然に防止し、企業や事業がさらにもう一歩成長するためにも、企業や事業者に寄せられたクレームとその解決事例という無形の資産を蓄積していくことが必要なのです。

(2) クレーム対応の解決事例を職人技にしないこと

　実際に行ったクレームの解決事例は企業や事業者にとっての宝物です。クレーム対応を行えば行うほど、企業や事業者にはクレームに対する免疫力が強化されていきます。クレームを1つ解決すれば、必ずその分クレーム対応力は強くなっていきます。1回の経験は100冊の読書にも優るといわれます。クレーム対応力を強化するためには実際のクレーム対応の経験を蓄積していくことが不可欠なのです。

　問題は、そのような貴重なクレーム対応の経験をしっかりと蓄積していない企業や事業者が多いということです。たとえば、

クレーム対応を担当者１名の専属制にしているような企業があります。そこで、クレーム対応を行っている担当者には個人的な経験やノウハウが蓄積されていきます。そして、その担当者が退社してしまった場合には、せっかく蓄積されてきたクレーム対応の経験を喪失することになります。これまで苦労してコツコツと積み上げてきた経験が一瞬にしてゼロになってしまうのです。クレーム対応の経験は企業や事業が存続し、成長していくための重要な財産です。そのような財産を担当者の個人的な経験にしておいてはもったいないといえます。クレーム対応に関する情報は企業や事業者の内部で共有してこそ意味があるのです。

(3) クレーム対応に関する情報を蓄積しよう

問題はどのように経験を共有するかです。

企業や事業者のクレーム対応の経験はその企業や事業者の企業秘密です。事柄の性質上、外部に公表されないことのほうが圧倒的に多いのです。また、かりに外部からクレーム対応の経験を入手したとしても、それが自社の販売している製品や商品、自社が提供しているサービスに適用できるものでなければ意味がありません。そのため、基本的な姿勢は、自社が内部で対応した経験をコツコツと蓄積していくことです。

自分たちの企業や事業者に寄せられたクレームと、その解決までの道のりをしっかりと記録化し、自前の「データベース」をつくっていきます。データベースというと大げさな印象を与えてしまうかもしれませんが、最初はエクセルやワードのファ

イルでデータを入力して整理し、キーワードごとに検索可能な入力を行っておくだけで問題はありません。

　めざすのは、新入社員であっても、そのデータベースにアクセスすれば、過去にどのようなクレームが寄せられて、そのクレームに対して、誰が担当者として、どのように解決に至ったかを参照することができるようにすることです。

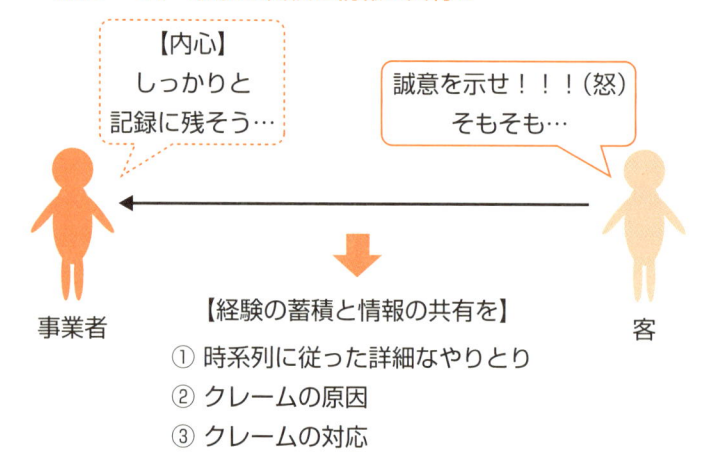

[図3―5] 経験の蓄積と情報の共有を

【内心】
しっかりと記録に残そう…

誠意を示せ！！！（怒）
そもそも…

事業者　　　　　　　　　　　　　　　　　　　　客

【経験の蓄積と情報の共有を】
① 時系列に従った詳細なやりとり
② クレームの原因
③ クレームの対応
④ クレームの対応に至った判断
⑤ 今後、改善すべき点　など

6. 指針の策定②（対応マニュアルの整備）

(1) 対応マニュアルを作成しよう

　クレーム対応に関するデータベースを作成して、ある程度の情報が蓄積されてきた後、または進行中のクレーム対応と並行して「対応マニュアル」を作成することを検討してください。クレーム対応の現場で作成したマニュアルに沿った対応を進めることで、クレーム対応において要求される「一貫性」、「柔軟性」、「公平性」、「公正性」、「迅速性」（第1章9．〜13.参照）のある対応が可能になります。めざすのは、新入社員であっても、マニュアルに沿って対応を進めれば、過去に寄せられたクレームの解決事例と同様の解決に至ることができるようにすることです。

　対応マニュアルを作成したり改訂したりする場合には、外部の専門家等の意見も参考にしてください。企業や事業者には独特の風土があります。そのような風土が対応マニュアルに反映されるのは望ましいことですが、それが社会一般の常識や世間的にみて公正・妥当な対応であるかは、企業や事業者が自分たちで判断しようにも、容易なことではありません。自分たちだけの独善的な内容の対応マニュアルではわざわざ手間暇かけて作成する意味がありません。具体的には、顧問弁護士やクレーム対応の経験が豊富な弁護士やコンサルタントに依頼して監修してもらうとよいと思います。必ずや重要な視点や意味のある示唆を得ることができるはずです。

対応マニュアルの内容ですが、対応マニュアルといっても、各社各様、さまざまな形式と内容があるので、一律ではありません。企業や事業者ごとに使いやすい内容と形式で作成すれば問題ありません。私がおすすめしているのは、本書の第2章で紹介している、①受付、②調査と確認、③対応策の決定、④対応といったクレームの各段階に沿って整理していくことです。

(2) 対応マニュアルの取扱い

　対応マニュアルを作成して整備しただけでは不十分です。対応マニュアルの活用方法を現場レベルまで浸透させていく必要があります。対応マニュアルの内容や活用方法を社内に浸透させるための工夫を行わなければなりません。たとえば、弁護士など外部の専門家にセミナーをしてもらうとか、社内の担当者がセミナーを行うとか、定期的にクレーム対応の経験の報告会を実施するなど、工夫しながら現場レベルで情報を浸透させていく必要があります。

　また、対応マニュアルはつねに最新の内容に改訂していく必要があります。企業や事業者におけるクレーム対応の経験は日々蓄積されていきます。また、企業や事業者をとりまく環境も日々変化していきます。そのような日々の経験の蓄積や環境の変化を踏まえて、定期的に内容を見直し、加筆、修正を加えて、改訂を進めていく姿勢が必要です。

　さらに、注意しなければならないのは、対応マニュアルの取扱いです。対応マニュアルは企業や事業者の情報の宝庫です。対応マニュアル自体を高度な企業秘密として厳格に保管・管理

していくことが必要です。もし、万が一にでも対応マニュアルが社外に流失して、悪質なクレーマーの手にわたった場合には、悪質なクレーマーはその内容を逆手にとって、企業や事業者が嫌がるあの手この手を講じてきます。対応マニュアルはクレーム解決の拠り所ですが、それが相手にわたってしまうことは、こちらの手のうちが知られてしまうことになります。敵に手のうちが知られている戦いほど、困難を極めるものはありません。

　そのため、対応マニュアルの管理を徹底して、重要な企業秘密が外部に流出しないような方策を講じておく必要があります。対応マニュアルの形式は電子データだったり、紙媒体だったりとさまざまだと思いますが、電子データであればアクセスできる人間を限定したり、紙媒体であれば、保管場所を決めて、保管場所にアクセスする人間を制限したり、アクセスする際の方法を厳格なものにするなどの方策があります。また、よほどの場合以外は企業や事業所の外部に持ち出すことを制限するといった対応を検討してください。

［図3－6］ 対応マニュアルの整備

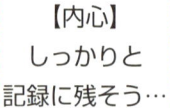

【内心】
しっかりと記録に残そう…

誠意を示せ！！！（怒）
そもそも…

事業者　　　　　　　　　　　　　　　　　　　　客

【経験の蓄積と情報の共有】
① 時系列に従った詳細なやりとり
② クレームの原因
③ クレームの対応
④ クレームの対応に至った判断
⑤ 今後、改善すべき点　など

【対応マニュアルに情報を集約】

おわりに〜クレームはなくならない〜

　本書ではクレーム対応の心掛けや、クレーム対応を進める際の具体的なノウハウを紹介しましたが、これらを活用して対応を進めることで、クレームを正しく解決に導いていくことができると思います。

　ただ、それでも1つだけ断言できることがあります。それは「クレームは今後も必ず発生し続ける」ということです。

　絶え間ない企業努力や事業者の取組みによって、一時的にクレームが激減することもあるかもしれません。しかし、企業や事業者が継続して活動を行っている限り、クレームは不断に発生する可能性があるのです。クレームは目の前の顧客の期待値を下回ったときに発生しますが、顧客の期待値はさまざまですので、どんな商品やサービスであっても、万人に認めてもらうのは不可能です。ですからクレームは今後も発生し続けていきます。

　そうだとすれば、私たちはクレームと上手につき合っていく方法を考える必要があります。かりにクレームが発生しなくても、大切なのは「クレームは必ず発生する」という心構えをもち続けることです。

　私は、これまで11年以上、弁護士としてクレーム対応の現場で業務を行ってきました。そのような経験から断言できることがあります。それは「解決できないクレームはない」というこ

とです。どんなに解決が困難なクレームにみえても、必ず何らかの形で解決できます。ですので、クレームを恐れることなく、本書で紹介した方法を実践して、クレーム対応を進めてください。

　1つでも多くのクレームが、企業や事業者を成長させる糧となり、笑顔あふれる明るい豊かな社会が実現していくことを願っています。

おわりに 〜クレームはなくならない〜

〔著者略歴〕

奥 山 倫 行（おくやま　のりゆき）

アンビシャス総合法律事務所・パートナー弁護士
（経歴）

1993年3月	北海道立札幌南高等学校卒業
1998年3月	慶應義塾大学法学部法律学科卒業
2001年3月	慶應義塾大学大学院法学研究科修士課程修了
2001年4月	最高裁判所司法研修所入所（55期）
2002年10月	第二東京弁護士会登録
	TMI総合法律事務所入所
2007年2月	TMI総合法律事務所退所
2007年4月	札幌弁護士会登録
	アンビシャス総合法律事務所設立
2009年4月	㈶住宅リフォーム・紛争処理支援センター紛争処理委員就任
2009年4月	㈶交通事故紛争処理センター嘱託弁護士就任（～2013年3月）
2010年6月	サヤン・インテリアズ・ジャパン株式会社社外取締役就任
2010年6月	株式会社HVC（HVC, Inc.）監査役就任（～2011年7月）
2011年3月	有限責任事業組合ほっかいどう事業再生支援センター組合員就任
2011年8月	北海道ベンチャーキャピタル株式会社（旧 株式会社HVC）監査役就任

2012年2月　　株式会社ディーセブン社外取締役就任
2013年4月　　医療法人社団一心会理事就任
2013年9月　　札幌商工会議所・消費税転嫁対策窓口相談等事
　　　　　　　業・相談員
(重点取扱分野)
　企業法務／知的財産権（商標・不競法・著作権法）／事業再生／倒産／リスクマネジメント／不祥事対応／メディア／エンターテインメント／スポーツ／IT／その他各種紛争解決

弁護士に学ぶ！
クレーム対応のゴールデンルール

平成26年8月6日　第1刷発行

定価　本体1,600円＋税

著　者　奥山　倫行
発　行　株式会社　民事法研究会
印　刷　株式会社　太平印刷社

発行所　株式会社　民事法研究会
　　　　〒150-0013　東京都渋谷区恵比寿3-7-16
　　　　〔営業〕TEL03(5798)7257　FAX03(5798)7258
　　　　〔編集〕TEL03(5798)7277　FAX03(5798)7278
　　　　http:www.minjiho.com/　info@minjiho.com

落丁・乱丁はおとりかえします。ISBN978-4-89628-960-2 C2034 ￥1600E
カバーデザイン　鈴木　弘

▶クレームの本質から実情、対策、解決の方向性まで具体的に明示！

モンスタークレーマー対策の実務と法〔第2版〕
―法律と接客のプロによる徹底対談―

升田　純＆関根　眞一

A5判・328頁・定価　本体2,700円+税

◆学校や病院のみならず金融業界、建築業界でのクレーム対応まで収録！

本書の特色と狙い

▶第2版では、現場でのより的確なクレーム対応の実現、迅速な解決を図るため、業態ごとの事例をほぼ倍増！
▶法律実務の専門家とクレーム対応の専門家が、社会全体において関心を集めてきたクレーマー、さらに悪質なクレーマーをめぐるさまざまな問題・課題について、専門分野の視点から分析し、問題・課題の実情、解決の方向性を示唆！
▶繰り返されるクレームの弊害に目を向けるだけでなく、いかに事業、経営の重要な情報資源とすべきか、その方策を具体的に摘示！
▶重要な分野については、ワンポイント・アドバイスを設けることによって、必ず把握すべき要点がまとめられ、情報の整理も容易に可能！
▶具体的な事例分析により、効果的な現場でのクレーム対応や、社員教育のあり方、社内体制づくりを実践的に開示！

本書の主要内容

第1章　クレームの現状から学ぶ
Ⅰ　クレームと時代の流れ／Ⅱ　クレーム発生の不可避性／Ⅲ　顧客の変化／Ⅳ　情報社会の顧客の反応／Ⅴ　増加するクレームの法的根拠／Ⅵ　さまざまな法的手段が存在する現代のクレーム／Ⅶ　クレーム処理の組織基盤のあり方

第2章　クレーム処理の現場から学ぶ
Ⅰ　クレームの分類と対応／Ⅱ　クレームの側面／Ⅲ　顧客の側面／Ⅳ　企業の側面／Ⅴ　担当者の能力・資質とは／Ⅵ　クレームの法的分析／Ⅶ　モンスタークレーマー対策／Ⅷ　クレーム処理の基本

第3章　具体的事例から学ぶ正しいクレーム処理

第4章　モンスタークレーマー最終章
Ⅰ　さらに重視されるクレーム処理対策／Ⅱ　おわりに

発行　民事法研究会

〒150-0013　東京都渋谷区恵比寿3-7-16
(営業) TEL. 03-5798-7257　FAX. 03-5798-7258
http://www.minjiho.com/　info@minjiho.com

■マニュアルはない！ だがノウハウはここにある！

弁護士に学ぶ！
交渉のゴールデンルール
―読めば身に付く実践的スキル―

弁護士 奥山倫行（札幌弁護士会所属） 著

四六判・188頁・定価 本体1,400円＋税

本書の特色と狙い

▶交渉前から交渉場面を経てクローズへと、準備、会話、駆け引き等の「誰でも簡単に習得して、すぐに応用できるノウハウ」を、平易に解説した実践的手引書！

▶交渉にあたって遅刻は本当に厳禁なのか？ 座席の配置と座り方は？ 服装は？ 効果的な声の大きさやトーン、沈黙の使い方、ほめる・おだてる方法からメモのとり方まで、知っているようで知らなかったスキルが満載！

▶弁護士歴10年の著者が、国際案件や大企業の案件を経て、事件屋・示談屋・暴力団、企業の法務部、中小企業の社長・番頭、税務署・官公庁からクレーマー、銀行員等との豊富な交渉経験を基に構築したノウハウを惜しげもなく開示！

▶交渉の最前線に立つビジネスマンはもとより、弁護士、司法書士等法律家にも最適！

本書の主要内容

はじめに
　―交渉には誰にでも応用できるノウハウがある―
第1章　交渉前
　1　（アポイント）アポイントは書面でとろう
　2　（場所）交渉場所は自分のテリトリーで
　3　（場所）相手のテリトリーに行かなければならない場合には？
　4　（時間）有利な時間帯を設定しよう
　5　（時間）交渉には遅刻しない？　ほか
第2章　交渉の場面で
　20　（会話）はじめのひとことで「ラポール」を築く
　21　（会話）交渉における基本的なスタンスは？
　22　（観察）相手を観察しよう
　23　（想像）相手の組織を考えて効果的な対応を
　24　（会話）効果的な声の大きさやトーンや速度を選ぼう
　25　（会話）相手の土俵で戦わない
　27　（表現）ストーリーで語ろう
　31　（表現）沈黙を使おう
　35　（駆け引き）損したふりして得をする
　40　（記録）メモのとり方と記録の残し方　ほか
第3章　交渉のクローズの場面で
　41　（クローズ）クローズの心がけ
　42　（クローズ）適切な書面を取り交わそう！
　43　（クローズ）欲張りすぎない　勝ちすぎない
　44　（クローズ）今回で終わりではない
おわりに

発行　民事法研究会

〒150-0013　東京都渋谷区恵比寿3-7-16
（営業）TEL. 03-5798-7257　FAX. 03-5798-7258
http://www.minjiho.com/　info@minjiho.com

■ 1円でも多く！ 1秒でも早く！

弁護士に学ぶ！
債権回収のゴールデンルール
－迅速かつ確実な実践的手法－

弁護士　奥山倫行（札幌弁護士会所属）著

四六判・277頁・定価　本体1,800円＋税

▷▷▷▷▷▷▷▷▷▷▷▷▷▷▷▷▷▷▷▷▷▷▷▷　**本書の特色と狙い**　◁◁◁◁◁◁◁◁◁◁◁◁◁◁◁◁◁◁◁◁◁◁◁◁

▶債権回収にあたっての心構えから債権が滞らないための備え、実際の回収手法まで、豊富な図表を織り込み平易に解説した実践的手引書！
▶取引先情報の管理の仕方、新規取引にあたっての留意点、債権の優先順位のあげ方、法律を使った効果的な回収方法、債権回収の落とし穴など密度の濃い情報が満載！
▶実務経験豊富な弁護士である著者が、自らの体験を踏まえて、債権者自ら対応できるノウハウを惜しげもなく開示！
▶会社経営者、金融機関関係者はもとより弁護士、司法書士等法律家にも最適！

❖❖❖❖❖❖❖❖❖❖❖❖❖❖❖❖　**本書の主要内容**　❖❖❖❖❖❖❖❖❖❖❖❖❖❖❖❖

第1章　債権回収の心掛け
　～1円でも多く！　1秒でも早く！～
　1　債権回収は誰がどのように行う？
　2　債権が滞りそう？債権が滞った？悪いのは誰？
　3　まずは兜の緒を締める
　4　時間の経過に比例して回収可能性は低下する
　5　怪しい噂を聞いたら？　ほか
第2章　債権回収の備え
　～回収率を高める・転ばぬ先の杖～
　1　債権が滞らないようにする必要性は？
　2　新規取引の際の注意点
　3　取引先の情報を「取得」して「管理」しておくこと
　4　日頃から取引に関する資料を整理する習慣をつける
　5　債務者ファイルの活用を　ほか

第3章　債権回収の工夫1
　～工夫を凝らして迅速かつ確実に～
　1　正攻法では役不足？
　2　相殺は最強の回収方法
　3　代物弁済による債権回収
　4　債権譲渡による債権回収
　5　債権譲渡＋相殺による債権回収　ほか
第4章　債権回収の工夫2
　～少し発想とやり方を変えてみる？～
　1　破産をちらつかせる
　2　関係者を巻き込んでみる
　3　刑事事件を並行して進める
　4　営業保証金または弁済業務保証金からの回収を検討する
　5　今後の取引の中での回収を検討する　ほか
おわりに

発行　民事法研究会

〒150-0013　東京都渋谷区恵比寿3-7-16
（営業）TEL. 03-5798-7257　FAX. 03-5798-7258
http://www.minjiho.com/　info@minjiho.com